Handelsgeschichte

der

Griechen.

Von

Karl Dietrich Hüllmann.

Bonn,
bei Adolph Marcus.
1839.

An des Herrn

Freiherrn von Altenstein,

königlich Preußischen wirklichen geheimen Staatsministers

Excellenz.

Nach einer sieben und vierzig jährigen schriftstellerischen Wirksamkeit dürfte ein Gesetz der Natur den Schluß gebieten, ehe ich das lange gefühlte, theure Bedürfniß befriedigt hätte, Ewr. Excellenz die Ehrerbietung und Bewunderung öffentlich auszudrücken, von der ich seit vielen Jahren durchdrungen bin. Ich benutze daher zur Erfüllung dieses Wunsches die gegenwärtige Schrift, wahrscheinlich meine letzte, die, wenn sie auch nicht ganz würdig seyn sollte, einen so gefeierten Namen an ihrer Spitze zu führen, wenn sie insonderheit, gleich allen Geschichtwerken, die einen allgemeinen Gegenstand behandeln, Ergänzungen und Nachträge zuläßt, doch die Grundlage zu einem ausführlichern Gebäude werden kann. Die ihr vorgesetzte Zueignung ist eins von den zahlreichen Opfern des Danks der Zeitgenossen für das viele Unvergängliche, das Ew. Excellenz im Preußischen, im Deutschen Vaterlande angeregt und gepflegt haben, für die den beiderseitigen Waffen gestattete Freiheit in dem ewigen Kampfe des Wahns gegen die Einsicht. Mögen die geräuschvollen Tages-Erscheinungen, die eine vorübergehende öffentliche Theilnahme finden, bald in Vergessenheit fallen: für erleuchtete, großgesinnte Männer, unter deren Führung und Schirm an der Halle der Erkenntniß eifrig fortgebauet worden, hat die Welt ein treues Gedächtniß.

Bonn, im Januar, 1839.

Hüllmann.

Inhalt.

Einleitung.

Seeräuberei. Seemächte. Schifffahrt.

Es kann in Frage gestellt werden, ob es Phöniker oder Griechen gewesen, die im Aegäischen und mittelländischen Meere die ersten Fäden des Völkerverkehrs angeknüpft haben, und ob dies, der Umstände wegen, unter welchen es geschehn ist, zum Ruhme gereiche? Denn fast gleichzeitig treten Phöniker und Kreter auf den Schauplatz, und zwar zuerst als Seeräuber, ein Gewerbe, das frühzeitig auf gewaltsame Niederlassungen in Ufergebieten und auf Inseln geführt, wenigstens einen Küstenhandel, den ältesten von allem ausländischen, veranlaßt hat [1]. Die vielen Meer-Engen, Buchten, Inseln in den genannten Gewässern erleichterten die Versuche, an unbewachten Stellen zu landen, und, was sich in der Hast an Sachen von Werth, an Menschen und Vieh, zusammenraffen ließ, zu rauben,

---

1) Eratosth. ap. Strabon. I. Almeʼov. p. 82.

die Beute vorläufig in Schlupfwinkeln zu verbergen, und günstige Umstände abzuwarten, um sie an entfernten Orten feil zu bieten [2]). Als verwegene, verschlagene Seeräuber werden die Phöniker dargestellt, sobald sie in der Geschichte zum Vorschein kommen [3]). Bei den ältesten Griechen hatten sich hierzu Genossenschaften mit gesetzlicher Ordnung gebildet. Wie im alten Skandinavien die Beherrscher kleiner Inseln und Küstengebiete mit bewaffneter Mannschaft ihren Unterhalt auf dem Meere und dessen Umgebungen suchten [4]), so zogen Griechische Häuptlinge an der Spitze abhängiger Freibeuter auf Plünderung aus [5]). Die Geburt des Hauptmanns stempelte das Gewerbe zum ehrenhaften [6]). Namentlich standen die Kreter der frühesten Zeit in diesem zweideutigen Rufe; weshalb sich der Abenteurer von Ithaka für den Anführer einer Seeräuberbande von dieser Insel ausgiebt, der vor und nach dem Trojanischen Zuge sein Unterkommen auf dem Meere gesucht habe [7]). Berüchtigt waren auch

---

2) Thucyd. I. 5.

3) Odyss. III. 73. IV. 83. 84. XIV. 288 seqq. XV. 414 seqq. 472.

4) Ynglinga Saga c. 34.

5) Thucyd. l. l.

6) Ibid.

Justin. XLIII. 3: „latrocinium maris — illis temporibus gloriae habebatur."

7) Odyss. XIV. 199 seqq. Conf. III. 72—74.

dessen heimathliche Nachbarn, die Taphier [8]) oder Teleböer [9]), die östlich und westlich, bis an die Küsten von Phönikien und Italien, kreuzten, und Raub mit Waarentausch verbanden.

Tollkühnheit und Herrschbegierde reizten zu Unternehmungen im Großen, zur Erbauung und Ausrüstung förmlicher Kriegsflotten, und zur Eroberung von Küstengegenden und Inseln. Unter den Griechen gilt dies zuerst und hauptsächlich von den Kretern, den frühen Nebenbuhlern der Phöniker. Auf den Kykladischen Inseln hatten sie für geraume Zeit eine Herrschaft gegründet, und diese bis auf das umliegende feste Land von Europa und Asien ausgedehnt, so daß sie überall die Ausrüstung und Bemannung von Kriegsfahrzeugen erpreßten, und auf den Inseln die Bewohner, großentheils vorgefundne Phöniker, entweder zwangen, ihnen Land abzutreten, oder dieselben gänzlich verdrängten [10]). Wegen

8) Ibid. I. 105. 181. XIV. 452. XV. 426 seqq. XVI. 426.

9) Hesiod. scut. Herc. 19.
Strabo X. 708.

10) Herodot. I. 171.
Thucyd. I. 4 et 8.
Aristot. Pol. II. 7. §. 2. Schneid.
Apollodor. III. c. 1. §. 3 extr. et c. 15. §. 8.
Strabo X. 737. Conf. I. 83.
Diodor. V. 78.
Pausan. I. c. 27. §. 9. c. 39. §. 5. c. 44. §. 5.

ihrer ausgebreiteten Kunde des Mittelmeeres standen sie in dem Rufe, allein über die Lage ferner Küstengegenden Auskunft geben zu können [11]; worauf bekanntlich, wenn Jemand sich stellte, etwas nicht zu wissen, die sprichwörtliche Redensart beruhte: „der Kreter will das Meer nicht kennen [12].“

Es haben sich aber auch unter den bedrängten Inseln- und Küsten-Bewohnern einige ermannt, die ihre lauernden Feinde mit deren eigenen Waffen bekämpften, und zur Beschützung ihrer Küsten und ihrer Kauffahrer ebenfalls Kriegsschiffe ausrüsteten. Daher ist der Seehandel derjenigen Staaten, die zuerst hierzu Anstalten getroffen, am frühesten zu einiger Bedeutung gestiegen.

Der junge Waghals, der bei räuberischen Landungen gewärtigen mußte, erschlagen zu werden, hat auch die Gefahr nicht gescheuet, auf unzuverlässigen Barken, und mit nothdürftiger Kenntniß des Seewesens, wie sie durch bloße Küstenfahrten zu erwerben war, dem Wellenschlage des hohen Meeres Troß zu bieten. Bedürfniß und Noth haben dann stufenweise auf Erfindungen geführt; durch Uebung und Beobachtungen ist die Seekunde erweitert worden.

Heyne, de Castoris epochis cet., in nov. comment. soc. Gütting. T. I. P. 2. p. 71 seqq.

Höck, Kreta II. 217—394.

11) Herodot. IV. 151.

12) Strabo l. l.

Von den einfachen Booten und Nachen der ältesten Zeit bis zu den größern Fahrzeugen, und von diesen bis zu den Phönikischen sogenannten Tarsis-Fahrern [13]), so wie den Griechischen Ruder- [14]) und Segel [15]) -Schiffen: diese allmählichen Fortschritte der Schiffbaukunst fallen sämmtlich in das Dunkel der vorgeschichtlichen Zeit. In den Homerischen Gesängen, in denen zuerst für die Geschichte einiges Morgenlicht aufgeht, erscheint das Schiffswesen schon ziemlich ausgebildet, wie dies in Ansehung des gesammten gewerblichen Lebens der Fall ist, wovon nicht leicht eine Anstalt, ein Gebrauch, unberührt bleibt. Es stehn Werfte da und Häfen [16]). Wenn die Schiffe häufig „die schwarzen" beigenannt werden, warum sollte sich das nicht auf das Anstreichen mit Pech oder Theer beziehn? „Schwarz wie Pech [17])" ist ja eine bekannte Ver-

13) Psalm. XLVIII. 8.
Jes. II. 16. XXIII. 1. LX. 9.
I. Regg. X. 22. XXII. 49.

14) Il. I. 142. 435. II. 719.
Odyss. I. 280. II. 307. 319. X. 78. XI. 639. XII. 225. XIII. 115. XVI 349.

15) Il. I. 433. 480. XV. 627.
Odyss. II. 426. 427. III. 10. VIII. 52. 57. IX. 70. 77. X. 506.

16) Il. I. 432. XII. 284.
Odyss. I. 185. II. 391. IV. 358. V. 404. 418. 440. VI. 263 seqq.

17) Il. IV. 277.

gleichung Homers. Außer dieser Maßregel, die zur Erhaltung des Holzes diente, ist nicht selten das Vordertheil des Schiffs, sowohl zur Verzierung als zur Unterscheidung, entweder röthlich [18]) oder bläulich [19]) übertündht worden. Die Zahl der Ruderer ist bis auf zwanzig [20]), ja bis fünfzig [21]), gestiegen; wie sie aber vertheilt, und wie ihre Sitze angeordnet gewesen, bleibt ein dunkler Gegenstand.

Mit allen Erfodernissen versehn werden die Schiffe von dem Dichter geschildert: ein Mastbaum ist errichtet [22]); die Seegel, die weißen [23]), sind aufgezogen; es fehlt nicht an Tauwerk [24]). Das

---

18) Il. II. 637.
Odyss. IX. 125.
Herodot. III. 58.

19) Il. XV. 693. XXIII. 852. 878.
Odyss. III. 299. IX. 482. 539. XII. 100.

20) Il. I. 309.
Odyss. I. 280.
Thucyd. I. 10. 14.

21) Il. II. 719.

22) Il. I. 434. 480.
Odyss. II. 424. V. 254. 316. VIII. 52. IX. 77. XII. 402.
XXIII. 852. 878.

23) Il. I. 480.
Odyss. II. 426. VIII. 54. IX. 77. X. 506. XII. 402.
XV. 291.
Plutarch. Thes. 17.

24) Il. I. 436.
Odyss. II. 426. V. 260. VI. 269.

Steuer-Ruder [25]) ist in den Händen eines Steuermanns oder sonst eines Sachkundigen [26]). Wenn das Verdeck [27]) sich anfänglich noch nicht über das ganze Fahrzeug erstreckt hat [28]), so war dies wenigstens für eine Seeräubermannschaft entbehrlich [29]). Zur möglichst sichern Führung der Schiffe waren Vorkehrungen getroffen. Ballast ward in erfoderlichen Fällen eingenommen [30]); waren die Anker noch nicht, wie in der spätern Zeit, eingerichtet, so hat etwas Aehnliches dazu gedient [31]). Ohne Senkblei, *καταπειρατὴρ* [32]), *βολὶς* [33]), hätte man stets in Gefahr geschwebt, auf Klippen

---

25) Odyss. III. 281. V. 255. 270. 315. VIII. 558.

26) Ibid. IX. 78.
Plutarch. Thes. 17. 22.

27) Il. XV. 729.
Odyss. XII. 229. 414. XIII. 74. XV. 283. 551.

28) Thucyd. I. 14.
Conf. Plin. nat. hist. VII. 56 extr.

29) Thucyd I. 10.

30) Odyss. V. 257.
Eurip. Hecuba 854 (863).
Arrian. expedit. Alex. II. 19. Ed. Gronov. a. 1704. p. 93.
Liv. XXXVII. 14.

31) Il. I. 436.
Odyss. IX. 137. XV. 497.
Pindar. Pyth. IV. 24 (41). X. 51 (80).
Pausan. I. 4. §. 5.

32) Herodot. II. 5. 28 extr.

33) Actor. XXVII. 28.

und Sandbänke zu gerathen; es ist aber nichts bekannt weder über die Zeit der Erfindung, noch über das Volk, dem sie angehört. Wie Vieles auch Plinius in seinem „Quae quis invenerit“ ohne Prüfung zusammengetragen hat: hiervon weiß er nichts; doch kennt er das Bleiloth (perpendiculum) der Bauleute. Da bei den Phönikern jenes Werkzeug schon früh im Gebrauche gewesen seyn muß [34]), so sind sie wahrscheinlich Erfinder. Die Natur-Erscheinung der Ebbe und Fluth [35]) fällt zu sehr in die Augen, und kehrt zu oft und zu regelmäßig wieder, als daß sie unbeachtet bleiben konnte, und nicht zum Aus- und Ein-Laufen der Schiffe benutzt worden wäre.

Bei allen bereits erworbenen Kenntnissen war gleichwohl das Leben des Seemanns ein beschwerliches und gefahrvolles. Nur die Gewohnheit konnte abhärten, nur die Erinnerung an oft überstandne Gefahren ermuthigen, die Lebensart fortzusetzen. Nichts zu erblicken, als Himmel und Meer [36]), hatte etwas Unheimliches, selbst unter den günstigsten Umständen. Zu einiger Richtschnur diente die Sonne:

---

34) Jesaia XXXIV. 11.

35) Odyss. XX. 65.
Herodot. VII. 198.
Strabo VII. Alm. p. 198.

36) Odyss. XII. 404. XIV. 302.

aber an Tagen, wo Nebel und Wolken sie bedeckten, bei unruhiger See, ohne Compas! Und des Nachts, wie unzulängliche Wegweiser waren gewisse ausgezeichnete Sternbilder [37])! Möglichst vermied man daher nächtliche Fahrten [38]); überhaupt beschränkte man die Schifffahrt gern auf die beste Jahreszeit [39]). Der nächtlichen Erleuchtung der Schiffe durch Fackeln geschieht nur in Seekriegen Erwähnung [40]). Wurden heranziehende Stürme wahrgenommen, so suchte man die nächste Küste zu erreichen, und abzuwarten, bis sie vorüber wären [41]), und ein günstiger Wind einträte [42]). Gewisse Vorgebirge, namentlich Malea [43]), waren berüchtigt; sie zu umschiffen, wann die Elemente nicht dafür waren, galt für äußerst gewagt. Daß im Alterthum acht Cardinalwinde unterschieden worden, beruht auf der Eintheilung des Gesichtskreises in so viel Theile [44]);

37) Ibid. V. 272 seqq.
Strabo XVI. 1098. B.

38) Odyss. XII. 286 seqq. 401 seqq.

39) Hesiod. opp. et dies 618 seqq. 663 seqq. 681 seqq.
Conf. Demosth. adv. Polycl. ed. Reisk. p. 1212.

40) Thucyd. III. 80.

41) Odyss. IX. 73 seqq.

42) Ibid. XII. 325.

43) Ibid. III. 287. IX. 80.
Herodot. IV. 179.
Strabo VIII. 580.

44) Aristot. meteor. II. 6. Bekker. p. 363. B.
Plin. II. 47.

eine bildliche Vorstellung davon befand sich in Athen an einem achteckigen Marmorthurme 45). In Ansehung aber der Benennung dieser Winde hat Verschiedenheit geherrscht, entweder blos in Folge des Sprachgebrauchs, oder gegründet auf gewisse, durch die Lage- und die örtlichen Umstände eines Landes bewirkte Eigenthümlichkeiten. Daher ist auch gekommen, daß hier und da zwölf Winde angenommen worden 46). Zur Kenntniß der **periodischen** 47) ist man allmählich gelangt; am bekanntesten war derjenige Nordwind, der in der heißen Jahreszeit vierzig Tage die Hitze mäßigte 48).

Gellius II. 22.

Conf. 1) Salmasii exercitt. in Solin. Traject. ad Rhen. 1689. p. 880 med. — 2) Ideleri meteorologia veterum Graecorum et Romanorum p. 66 seqq. — 3) **Ukert** Geographie der Griechen und Römer I. 2. S. 171 ff — 4) **K. von Raumer**: die Windrose der Griechen und Römer. In Welcker's und Näke's Rheinischem Museum für Philologie. Fünfter Jahrgang, S. 497 ff.

45) Varro R. R. III. 5. §. 17. Schneid.
Vitruv. I. 6.

46) Seneca natural. quaest. V. 17.
Gellius l. l.

47) Herodot. II. 20.
Plutarch. Dion. 23.
Plin. II. 47 sub fin.
Liv. XXXVII. 23.
Gellius II. 22.

48) Aristot. Problem. XXVI. 2: „*Βοῤῥέαι ἐτήσιοι*“
Apollon. Rhod. II. 527. 528.
Diodor. XII. 58. „*τὸ μὴ πνεῦσαι τοὺς ἐτησίας*“

Aufgeweckter Sinn für die Verbesserung des Seewesens, Geschick und Erfindsamkeit im Schiff- und Hafen-Bau wird zuerst den Korinthern, und ihren Nebenbuhlern, den Aegineten, nachgerühmt, dann auch den Samiern und Lesbiern. Aminokles, ein Korinthischer Schiffszimmermann, hat seinen Namen auf die Nachwelt gebracht; er folgte einem Rufe nach Samus, um daselbst seine Kunst auszuüben 49). Die regsamen Bewohner dieser Insel 50), gleich denen, von Aegina 51) und Mitylene auf Lesbus 52), haben auch frühzeitig Dämme im Meere aufgeworfen, um ihre Häfen zu sichern. Fahrzeuge zum Ueberschiffen der Pferde sollen zuerst die Samier erbauet haben 53). Die Aegineten, wenn sie nicht in Allem, was den Schiffbau und das Seewesen betrifft 54), den Korinthern vorangegangen,

---

49) Thucyd. I. 13.

50) Herodot. III. 60.

51) Pausan. II. 29. §. 7.

52) Strabo XIII. 917.

53) Aristoph. Eqq. 596 (598).
Arrian. exped. Alex. II. 19 (conf. N. 30).
Plin. VII. 56 extr.

54) Hesiodi fragm. ap. Schol. Pindar. Nem. III. 21, et ap. Tzetz. ad Lycophr. 176.
Herodot. V. 83.
Diodor. XI. 78.
Strabo VIII. 576.
Aelian. var. hist. XII. 10.

haben wenigstens auf das rüstigste mit ihnen gewetteifert.

Von sonderlicher Größe und Tiefe können im Alterthum die Schiffe nicht gewesen seyn, da es möglich war, eine ganze Kriegsflotte in kurzer Zeit über eine Land-Enge oder eine Land-Spitze zu schieben oder zu walzen, wie über die, von Korinth [55]), von Leukadien [56]), von Tarent [57]). Entweder geschah dies in Seekriegen und drohenden Gefahren, oder um das Umschiffen eines Vorgebirgs zu ersparen. Zur Belebung des Seeverkehrs bestanden hierzu auf der Korinthischen Land-Enge besondere Anstalten [58]). Dasselbe Verfahren ward auch angewandt, um neue Schiffe vom Bauplatze flott zu machen [59]), denn sie vom Stapel zu lassen, hat man damals noch nicht verstanden. Es sind ihnen auch Namen beigelegt worden [60]), doch ohne Religionsfeierlichkeiten. Ein

55) Thucyd. III. 15. VIII. 7. 8.

56) Id. III. 81.

57) Strabo VI. 426.
Liv. XXV. 11.

58) Polyb. IV. 19. V. 1: „διϊσθμεῖν, ὑπεϱισθμεῖν."
Strabo VIII. 516. 583.
Hesych. v. διολκός.

59) Apoll. Rhod. I. 367 seqq.

60) Herodot. VIII 88.
Thucyd. III. 33.
Schol Apoll. Rhod. I. 1089.

Anderes war es, wenn die Phöniker [61]) und Römer [62]) Heroen- und Götter-Bildnisse am Vordertheile der Schiffe anbrachten, die Phöniker insonderheit die, der Dioskuren, Schutzgeister der Schifffahrt. Hiermit nicht zu verwechseln sind an den einzelnen Schiffen der Griechen die Abzeichen [63]), wovon die Namen derselben entlehnt waren [64]); die aber wiederum zu unterscheiden sind von dem gemeinschaftlichen Schiffszeichen jedes Staats, das die Stelle der heutigen Nationalflaggen vertrat, und darin bestand, daß an den Kriegsschiffen die Spitze des Schnabels in Form des Kopfs eines Thiers, z. B. eines Ebers [65]) Schaaf- oder Ziegen-Bocks [66]), ausgearbeitet war.

---

61) Herodot. III. 37.
Actor. XXVIII. 11.

62) Virg. Aen. X. 156. 157.
Ovid. Metamorph. III. 617: „flavus prorae tutela Me-„lanthus.“
Ejusd. Trist. I. 10. v. 1: „flavae tutela Minervae „navis.“

63) Herodot. VIII. 88.

64) Strabo II. 156: „(πλοῖα), ἃ καλεῖν ἵππους, ἀπὸ τῶν ἐν „ταῖς πρώραις ἐπισήμων.“

65) Herodot. III. 59.

66) Thucyd. III. 81.

Erster Zeitraum.

Frühere Jahrhunderte, vor der Makedonischen Umgestaltung des Großhandels.

Erster Theil.

Betriebsamkeit und Binnenhandel.

I.

Gegenstände, hauptsächlich Natur-Erzeugnisse.

Was die Griechen unter sich in dem inländischen Handel auszutauschen, und was sie im auswärtigen abzusetzen gehabt haben: damit beginnt am schicklichsten die Darstellung ihrer Handelsthätigkeit. Die Erzeugnisse der Pflanzenwelt sind es, mit denen die Natur das schöne Land vorzüglich, und am reichsten die Inseln, ausgestattet; in ihnen bestand auch der größte und einträglichste Theil dessen, was die Bewohner sowohl gegenseitig umsetzten, als den Ausländern in Zahlung gaben. Es kann aber bei der Aufzählung dieser Gegenstände von den Nachrichten neuerer Reisebeschreiber wenig oder gar kein

Gebrauch gemacht werden, weil immer die Möglichkeit bleibt, daß manche erst später dahin verpflanzt worden sind. Hiervon nur das Beispiel von dem Weinbau der Insel Samus. Jetzt wird daselbst ein gutes Gewächs erzielt, das einen beträchtlichen Ausfuhrgegenstand ausmacht [1]; im Alterthum aber hat es wenig bedeutet [2]. Wie es scheint, hat man also die Trauben, die zwei Mal jährlich geerndtet worden [3], nicht gekeltert, sondern gegessen.

In dem Waarenverzeichniß des alten Griechenlands ist unstreitig der Wein obenan zu stellen; sehr verschieden in Ansehung der Güte, die bedingt wird durch die Lage der Berge gegen die Mittags- und Abend-Sonne, so wie gegen die herrschenden Winde. Die Rheinweine in den Kellern zu Mainz, und die Franzweine in denen, zu Bordeaux, können nicht in so langer und zergliederter Rangordnung gelagert seyn, als eine solche in einem Verzeichniß der Griechischen Weine aufgestellt werden müßte, bei dem es auf Vollständigkeit abgesehn wäre. Von denen, des festen Landes, wird der Sikyonische

1) Tournefort relation d'un voyage de Levante. A Lyon 1717. T. II. p. 111.
Pocoke Beschreibung des Morgenlandes. Deutsch, von Breyer. Neue Ausgabe, 1792. Th. III. S. 44.

2) Strabo XIV. 944 extr. 945: „οὐκ εὔοινος (Σάμος) — „περὶ οἴνου οὐ πάνυ εὐτυχεῖ.“

3) Aëthlius Samius ap. Athen. XIV. c. 19.

ausgezeichnet [4]. Uebrigens sind es lauter Inseln, deren Gewächse am meisten gerühmt werden, und in den Handel kamen, vor allen Chius, dessen köstlicher Rothwein am höchsten geschätzt wurde [5]. Nur im Vorbeigehn, des alterthümlichen Rufs wegen, wird hier des Weins auf dem unbedeutenden Eilande Ithaka gedacht [6]. Nach Chius waren es folgende Inseln, deren Gewächse als die edelsten galten: Thasus [7], Lemnus [8], Lesbus [9], Kyprus [10], Rhodus [11], Kreta [12], Ikaria [13], Kos [14]; ferner

4) Plin. XIV. 7.
5) Theopomp. ap. Athen. I. 20.
Strabo XIV. 955. B. 971. B.
Plin. l. l.
Aelian. var. hist. XII. 31.
6) Odyss. XIII. 244.
7) Aristoph. Plut. 1022. Lysistr. 196.
Plin. et Aelian. l. l.
8) Il. VII. 467. 472.
Aristoph. Pax 1162.
9) Strabo XIV. 945. 971.
Plin. et Aelian. l. l.
10) Strabo XIV. 1003.
Plin. XIV. 1. 7.
11) Athen. XIV. 19.
12) Solin. c. XI.
Aelian. l. l.
13) Athen. I. c. 14.
14) Demosth. adv. Lacrit. ed. Reisk. p. 935.
Strabo XIV. 945.
Athen. I. c. 25.
Aelian. l. l.

Phlius, Peparethus, Naxus, Zakynthus, Kerkyra [15]). Gelegentlich auch eine Erwähnung der namhaften Weine sowohl der Nachbarländer, als der Griechischen Colonien. In Makedonien und Thrakien bei Mende und Skione auf der Halb-Insel Pallene [16]), und bei Ismarus und Maronea in der Landschaft Kikonien [17]); in Klein-Asien am Troischen Ida [18]) und bei Lampsakus, Knidus, Ephesus, Smyrna [19]); in Großgriechenland und auf Sicilien bei Thurii, Lagaria, Falernus, Syracusä [20]).

Bei dem allgemein verbreiteten Anbau des Weins, und der Ausfuhr desselben in ferne Länder, müssen die Griechen durch Aufmerksamkeit und Erfahrung auf gute Kenntnisse der Behandlung und Prüfung desselben geführt worden seyn [21]). Es läßt sich auch erwarten, daß, wo so viel, und fast lauter

---

15) Strabo, Plin. et Aelian. l. l.
Athen. I 20—27.
Pollux VI. 15.

16) Demosth. l. l. p. 926. 929. 935.
Pollux l. l.

17) Odyss. IX. 196. 198.
Athen. I. c. 24.
Pollux l. l.

18) Theophrast. hist. plant. III. 17. §. 6. Schneid.

19) Strabo XIII. 879. XIV. 943. 945.

20) Id. V. 357. 372. VI. 404.
Plin. XIV. 6.
Aelian. l. l.

21) Geoponica l. VII. c. 7. Ed. Niclas. p. 476.

Wein getrunken wurde, man das Getränk in verschiednen Graden der Stärke genossen habe: rein, oder mit Wasser vermischt, oder im Gegentheil durch Zuthaten verstärkt. Dieselbe anhaltende Hitze, die so edeln Saft zeitigte, machte auch vieles Trinken zum Bedürfniß; dabei hat aber die Nothwendigkeit eingeleuchtet, den Wein mit Wasser, wohl gar Wasser mit Wein, zu genießen. Sehr alt ist die Gewohnheit dieser Mischung [22]), das Verhältniß aber der Bestandtheile kann nicht anders, als verschieden und willkührlich gewesen seyn [23]). Der strenge Hesiodus gestattet nur einen Theil Wein zu drei Theilen Wasser [24]). Obrigkeitlich über die Beobachtung eines bestimmten Verhältnisses wachen zu wollen, wäre so vergeblich, wie die Gesetzgebung gegen den Aufwand. Sollte man den Athenern wirklich solche Kurzsicht zutrauen können? Bei Gelagen sollen öffentlich angestellte Oenopten zur Beaufsichtigung zugegen gewesen seyn [25]). Hat es damit seine Richtigkeit, so ist die Maßregel ein Seitenstück zu der gewiß eben so erfolglosen gesetzlichen Bestimmung, daß die Zahl der Gäste nicht über

22) Il. IV. 259. 260.
Odyss. III. 332. IX. 209. XIV. 78.

23) Athen. X. 7.

24) Opp. et dies 596.

25) Eupolis et Philinus ap. Athen. X. p. 425.
Pollux VI. 21.

dreißig steigen sollte [26]). Das Geschäft der Oenopten fällt schon dadurch als nichtig in die Augen, daß es niedere Beamte waren, von denen einige zugleich dazu dienten, den Gästen nach Hause zu leuchten. — Es gab aber auch im Gegentheil durch ganz Griechenland Schmecker, deren Gaumen scharfe Reize verlangte. Für solche wurden die bekannten, mit Kräutern und Gewürzen abgezogenen Weine bereitet [27]). Hierzu kann aber das absonderliche, unter dem Namen des Pramnischen Weins vorkommende Getränk [28]) kaum noch gezählt werden. Ob der Name von einem politischen Machthaber, oder von einer Gegend entnommen sei [29]), ist gleichgültig; ein besonderer Wein aber muß ursprünglich damit belegt gewesen seyn, da dieser auch unvermischt getrunken worden [30]). Er wurde als Aufguß zu einem Gemisch von süßen, bittern und scharfen Dingen genommen: Honig, Zwiebeln, geschabter

---

26) Athen. VI. p. 245.

27) Odyss. IV. 220. 233.
Dioscor. V. 9.
Aelian. var. hist. XII. 31.
Pollux VI. 16. 17.

28) Il. XI. 638.

29) Plin. XIV. 4.
Athen. I. c. 14.
Schol. Aristoph. Eqq. 107.

30) Aristoph l. l.

Ziegenkäse, geröstete Gerstenkörner [31]). In so fern die letzten, ἄλφιτα [32]), einen Bestandtheil ausmachten galt das Getränk für ein geweihtes [33]); es wurde nämlich mit solchen Körnern, da sie der göttlichen Urheberinn der ältesten Getreidefrucht angehörten, die Vorstellung der Heiligkeit verbunden [34]). Eben deshalb sind sie auch, mit Salze vermischt, zu gewissen Opferhandlungen gebraucht worden, wobei man sie οὔλας genannt hat [35]). Noch anders verfuhren die Thasier mit dem zum Gebrauche im Speisesaal der Prytanen bestimmten Wein: es ward ein von Weizenmehl und Honig eingerührter Teig in die Fässer gethan [36]). — Wein-Essig ist auf Knidus gebrauet worden [37]).

Zur Aufbewahrung des Weins in den Kellern

---

31) Il. XI. 629 seqq.
Odyss. X. 234. 235.
Athen. I. c. 8. X. c. 9.
Conf. Aristot. Problem. XX. 35.

32) Xenoph. Cyrop. VI. 2. §. 28.
Pherecrates ap. Eustath. ad Il. X. 249. Lips. p. 332. Bas. 720 med. R. 801 extr.

33) Aelian. l. l.

34) Il. XI. 630. 774.

35) Herodot. I. 160.
Dionys. Hal. II. 25.

36) Theophrast. de odoribus. Ed. Schneid. p. 750.
Athen. I. c. 24.

37) Id. II. c. 25. p. 67. Casaub.

hat man Fässer, und zwar ausgepichte, gebraucht [38]); zum Versenden sind sie zwar nicht ungewöhnlich gewesen [39]), doch haben hierzu häufiger Schläuche, meistentheils Ziegenfelle, gedient [40]); an einen ähnlichen Gebrauch im Deutschen Mittelalter erinnert der noch jetzt vorkommende Ausdruck Oxhovt (Ochsenhaut). Nach Aegypten ist der Wein in irdenen Krügen geführt worden, weil diese daselbst sehr gesucht waren, um als Bewässerungsgefäße gebraucht zu werden [41]).

Nach dem Wein bestand der Reichthum Griechenlands und vieler von seinen Colonien in einer beträchtlichen Reihe andrer Früchte. Durch Oel von vorzüglicher Güte zeichneten sich vor allen Gegenden aus Attika [42]) und Kyrene [43]); dann auch Kyprus [44]), welche Insel überhaupt von der Natur mit vielen herrlichen Gaben ausgestattet war; ferner Massilien [45]), Klazomenä [46]), Sinope, Amisus,

38) Plutarch. Sympos. V. 3.

39) Strabo V. 328.

40) Odyss. IX. 196.
Conf. Herodot. II. 121.

41) Id. III. 6.

42) Demosth. adv. Macart. Ed. Reisk. p. 1074.
Plutarch. Solon. 2 et 24.
Conf. Herodot. V. 82.

43) Theophrast. hist. plant. IV. 3.

44) Strabo XIV. 1003.

45) Id. IV. 271.

46) Pseudo-Aristot. Oecon. II. Ed. Schneid. p. 12.

Phanaroea 47). — Honig auf Kyprus 48) und Kreta 49); doch am meisten beliebt war der Attische vom Hymettus 50), nach ihm der, von verschiednen kleinern Inseln 51). — Feigen, eine häufige Speise in Griechenland und Italien, gediehn ebenfalls am vorzüglichsten in Attika, so berühmt, daß sie auf die Tafel des großen Königs kamen 52); besonders geschätzt wurden auch die, von den gesegneten Inseln Rhodus, die wohl den Attischen gleich gestellt werden 53), Kyprus 54), Chius 55), Chalkis auf Euboea 56), Kimolus 57). — Mandeln und Kastanien auf Kyprus und Naxus 58). — Quitten, Kydonische Aepfel, von ihrer Heimath Kydonia auf

---

47) Strabo II. 125.

48) Plin. XI. 14. XX. 22.

49) Ibid.

50) Strabo IX. 613.
Pausan. I. 32. §. 1.
Plin. XXI. 10. XXXVII. 3 extr.

51) Strabo X. 749.

52) Athen. XIV. c. 18. p. 652.

53) Id. III. 2. p. 75.
Plin. XV. 18.

54) Theophrast. hist. plant. IV. 2.
Plin. XIII. 7.

55) Id. XV. 18.

56) Ibid.

57) Athen. I. p. 30. Conf. III. p. 74 seqq.

58) Id. II. p. 52.

Kreta [59]), für ein den Magen stärkendes Mittel gehalten [60]). — Weizen in Aeolis [61]), auf Kyprus [62]) und Sicilien [63]). Feines Mehl, Amulum [64]), auf Chius und Kreta [65]).

Aehnlich ist ferner die Reihe von gewürzhaften Kräutern und Pflanzen, die theils an den Speisen, theils in der Heilkunst, gebraucht wurden. Majoran, Origanum, auf verschiednen Inseln, als Tenedos [66]), Kreta, Kos, Chius, auch bei Smyrna und Heraclea [67]). — Thimian am vorzüglichsten in Attika, am Hymettus, eine sehr gangbare Handelswaare [68]). — Senf, νᾶπυ, auf Kyprus [69]). —

59) Theophrast. hist. plant. IV. 8. §. 11.
Plin. XV. 11.
Conf. Odyss. III. 292 Herodot III. 44. 59. et Thucyd. II. 85.

60) Athen. III. c. 6.

61) Strabo XV. 1068.

62) Id. XIV. 1003.
Plin. XVIII. 7 med.

63) Theophrast. l. l. VIII. 4. §. 3
Plin. l. l.

64) Cato R. R. 87 (88).

65) Plin. l. l. sub fin.

66) Athen. I. p. 28. D.

67) Dioscor. III. 29 (32). 32 (35).

68) Aristot. Problem. XX. 20.
Theophrast. l. l. VI. 2. §. 4.
Plin. XXI. 10.
Athen. I. p. 28. D.

69) Id. ibid.

Safran auf Rhodus [70]) und im Gebiet von Kyrene [71]), der letztere jedoch nicht von besonderer Güte, wenigstens wird er dem Lykischen und Kilikischen nachgesetzt [72]). — Der schwarze Elleborus (Nieswurz) war vorzüglich einheimisch bei dem Thessalischen [73]) Antikyra, und in der Nähe des Oeta; doch ist er auch an verschiednen andern Orten mit Vortheil gebauet worden: in Böotien, auf Euböa, und Thasus, bei Massilien, und bei Elea im Pontus [74]). — Als Heimath vieler Heilmittel waren Kreta und Kyprus vorzüglich berühmt [75]). Die Kräuterhändler und Wurzelschneider (Pharmakopolen und Rhizotomen) [76]) machten damit gute Geschäfte; sie müssen aber in geringer Achtung gestanden haben, da sie in Byzant mit Gauklern und Taschenspielern auf gleiche Linie gestellt worden sind [77]).

Eine besondere Ausführung verdient das berühmte Kyrenäische Silphium, doch nur in so fern

70) Athen. XV. p. 688. E extr.
71) Plin. XXI. 6.
72) Athen. XV. 682.
73) Herodot. VII. 198.
74) Theophrast. l. l. IX. 10 (11).
Dioscor. IV. 149 (151).
Strabo IX. 640.
Plin. XIV. 16. XXV. 5.
75) Dioscor. I. 128.
Plin. XII. 17. XXV. 8. post med.
76) Theophrast. l. l. IX. 8 (9).
77) Pseud. Aristot. Oecon. II. Schneid. p. 5.

es als Ausfuhrwaare einer Griechischen Colonie hierher gehört; womit gesagt seyn soll, daß Alles, was nicht dahin einschlägt, ausgeschlossen bleibt, mithin von gewissen, mit demselben Namen belegten, im Römischen Handel vorkommenden Gewächsen von Syrien und Persien, und am Indischen Kaukasus nicht die Rede seyn wird. Das eigentliche Silphium, einheimisch in Libyen, vorzüglich im Gebiete von Kyrene, war ein edler Saft, der aus den Wurzeln und dem Stengel einer Pflanze gepreßt, eingekocht, und von den Griechen als köstliches Gewürz an den Speisen, häufig auch als Heilmittel, gebraucht wurde [78]). Wenn es im Handel auch unter dem Namen „Karthagisches Silphium" vorgekommen ist [79]), so hat es damit eine ähnliche Bewandtniß, wie mit dem Arabischen Kostus und Weihrauch: Kyrenäische Schleichhändler brachten es über die Gränze, wo es die Karthager in Empfang nahmen, und dann verschifften [80]). Der schlechthin sogenannte „Kyrenäische Saft [81])" scheint anfänglich

---

78) Herodot. IV. 169
Aristoph. Plut. 926 — Eqq. 890. 891., et ibi Schol.
Theophrast. hist. plant. IV. 3. VI. 3.
Scylax ed. Huds. p. 45.
Strabo II. 193. 196. XVII. 1194. 1196.
Antiphanes ap. Athen. XIV. p. 623.

79) Id. ap. eund. I. p. 28.

80) Strabo XVII. 1193.

81) Ibid p. 1194.

allein den Namen Silphium geführt zu haben [82]; dann ist derselbe auf die Wurzel [83], auf den Stengel [84], und endlich auf die Pflanze überhaupt [85], ausgedehnt worden. Was für eine es aber gewesen sei, bleibt zweifelhaft [86]; denn die Abbildung auf Kyrenäischen Münzen [87], und die Beschreibung Theophrasts [88]) enthalten zu unbestimmte Kennzeichen, um sie aufzufinden. Weil der genannte Griechische Pflanzenkenner den Stengel ähnlich demjenigen, einer Ferula, beschreibt, und eine Pflanze von dem Tingitanischen Mauretanien den Namen Ferula Tingitana führt, so ist das Silphium für die letztere erklärt worden [89], wogegen aber andere Sachkundige Manches zu erinnern haben [90]. In

---

82) Plin. XIX. 3: „cuius (laserpitii) *succum* vocant laser."

83) Columella VI. 17: „*radix*, quam Graeci σίλφιον vocant."

84) Dioscor. III. 84 (94).

85) Columella XII. 7: „radiculas *laseris*, *quod* Graeci σίλ-„φιον vocant."

Plin l. l.: „laserpitium, quod Graeci silphium vocant, „in Cyrenaica provincia repertum."

86) Link: Ueber das Cyrenäische Silphium. In den Abhandlungen der physikalischen Classe der königl. Baierschen Akad. der Wiss. vom J. 1829. S. 125.

87) Spanheim de praestantia et usu numismat. antiq. Ed. nova 1706. T. I. p. 293 seqq.

88) Hist. plant. VI. 3.

89) Sprengel ad Dioscor. III. 84 (94) p. 529.

Dessen Geschichte der Botanik I. 66. 128.

90) Link a. a. O. S. 123.

der spätern Zeit hat sich das Silphium aus dem Handel verloren; denn unter der Ptolemäischen Herrschaft über Kyrene bestand ein Verbot, dasselbe anders wohin, als nach Aegypten, zu führen 91).

Noch von einigen andern Erzeugnissen des Pflanzenreichs. Hanf- und Flachs-Bau ist in den geeigneten Gegenden getrieben, und der Stoff zu einem feinen Gewebe verarbeitet worden: auf Kreta 92), in Elis 93), in Tarentum 94). — An Schiffsbauholze mangelte es nicht; die Waldungen in Arkadien 95) und auf Kyprus 96) lieferten die brauchbarsten Beiträge. In vorzüglichem Rufe standen die Arkadischen Eichen 97). Daß Kohlen gebrannt worden, ist unter andern aus den Acharnern des Aristophanes bekannt. Immer weniger aber reichten die einheimischen Vorräthe an Holze hin, je mehr Griechenland sich politisch und handelsschaftlich entwickelte. Unten, in der Darstellung des Nordischen Handels, findet

---

91) Strabo XVII. 1193. 1194.
Plin. XIX. 3.

92) Hesych. v. Κρητικόν.

93) Pausan. V. 5. §. 2. VI. 26. §. 4.
Plin XIX. 1.

94) Aelian. var. hist. VII 9.
Athen. XIV. 4 med.
Pollux IV. 104. VII. 76.

95) Theophrast. l. l. V. 2 (3).

96) Strabo XIV. 1003.

97) Pausan. VIII. 12. §. 1.

die ausführliche Erwähnung ihre angemessene Stelle, wie zum Bau sowohl der Kriegs= als der Kauffahrtei=Schiffe vieles Holz aus Makedonien, Thrakien und dem Pontus bezogen worden.

Unter den Thieren sind etwa nur drei bis vier, die in Beziehung auf den Ausfuhr=Verkehr in Betracht kommen, Schaafe nämlich, Pferde und Fische. Unter den Gattungen feiner Schaafwolle ward der Attischen[98]) und der Miletischen [99]) allgemein der erste Rang zugestanden; sehr gesucht war auch die in der Aetolischen Gebirgsgegend Korax erzeugte [100]), und die Tarentinische [101]). — Für die Pferdezucht eignete sich am meisten der Boden von Arkadien und Thessalien [102]). —Rinderhäute kamen aus Kyrene [103]). — Des Fischfangs wird nur hier und da gedacht, als bei Byzant [104]), bei der Insel Ikaria [105]), im See Kopais [106]), an der

98) Athen. V. c. 19. XII c. 9.

99) Id. XII. p. 540 D.
Strabo XII. 867.

100) Id. III. 213.

101) Id. VI. 436.

102) Herodot. VII. 196.
Strabo VIII. 595.

103) Hermippus ap. Athen. I. p. 27.

104) Aristot. Pol. IV. 4. §. 1.

105) Athen. I. 24.

106) Aristoph. Acharn. 880.

Küste von Sikyon [107]), bei Tarentum [108]): daß der Anführungen nicht viele sind, kömmt daher, weil nur gesalzne Fische einen Gegenstand des größern Handels ausmachen, von denen unten die Rede seyn wird, frische dagegen nur auf inländische, benachbarte Märkte gebracht werden. — Auch die Zucht und Abrichtung von **Streithähnen** war in dem Umfange der Griechischen Betriebsamkeit begriffen, da an verschiednen Orten, namentlich zu Pergamus [109]), und vor allen zu Athen [110]), öffentlich veranstaltete, jährliche Gefechte eingeübter [111]) Hähne zu den größten Volksbelustigungen gehörten. Nach dem Vorgange der Meder waren es vorzüglich die Rhodier, die Chalkidier auf Euboea, und die Bewohner von Tanagra in Böotien, die sich des sonderbaren Erwerbzweiges befleißigten [112]).

Wie an Erzeugnissen des Pflanzenreichs, waren auch an **Metallen**, überhaupt an **Mineralien**, die Inseln reicher, als das feste Land, wiewohl

---

107) Antiphanes ap. Athen. I 27.

108) Aristot. l. l.

109) Plin. X. 21.

110) Lucian. de gymnas. c. 37. ed. Lehmann. T. VII. p. 189.
Aelian. var. hist. II. 28.

111) Aeschines adv. Timarch. Reisk. p. 79.

112) Varro R. R. III. 9. §. 6.
Columella VIII. 2. §. 4.
Plin. l. l.

überhaupt nicht in vorzüglichem Grade. Die große Zahl der Inseln im mittelländischen und Aegäischen Meere, und die vielen Klippen und Bergspitzen im östlichen Theile des letztern führen auf die Vermuthung, daß in der Urzeit hier festes Land gewesen, welches entweder durch Erdbeben, oder dadurch zerrissen worden, daß einst das schwarze Meer hervorgebrochen. Weil nun die Inseln, als Trümmern, manche Mineralien enthalten, so werden sich Gebirgszweige durch das verschwundne Festland gezogen haben [113]). Im Gegentheil aber kann es auch seyn, daß die Inseln durch Plutonische und Vulkanische Emporhebungen entstanden sind. Aus der Vulkanischen Beschaffenheit des Bodens wenigstens der kleinern Inseln, die den Steinkohlenflözen entgegen ist, würde zu erklären seyn, daß dieser letztern keine Erwähnung geschieht; denn eine vermeintliche Spur in Makedonien bleibt zweifelhaft [114]). Die Lager auf Euböa sind erst in der neuesten Zeit entdeckt worden. Selbst nicht in sagenhaftem Gewande wird der Steinkohlen gedacht. Wie leichtgläubig nämlich der Grieche in

113) Sonnini Reise nach Griechenland. Deutsch von Weyland. In dem Magazin von neuen Reisebeschreibungen, B. XXXIV. S 82.

Vergl. von Hoff Geschichte der natürlichen Veränderungen der Erdoberfläche, I. 105. 130. II. 148.

114) Pseudo-Aristot. de mirabil. auscult. CXXV. Ed. Beckmann p. 258.

der frühern Zeit gewesen, wie empfänglich für das Märchenhafte, Wunderbare, erhellt besonders daraus, daß er nicht blos von abenteuerlichen Erzählungen, die einen Stachel für die Einbildungskraft enthalten, sondern selbst von solchen ist angezogen worden, die von den gemeinsten Dingen des täglichen Lebens handelten. Sogar unter andern von den ersten Eisen-Arbeitern und Schwertfegern hat es sagenhafte Ueberlieferungen gegeben, namentlich von denen, auf Kreta [115]), Kyprus [116]), Rhodus [117]), Euböa [118]), Lemnus [119]).

Auf welche Metalle zuerst gebauet, und welche am frühesten zu Geräthen, Geschmeide und Waffen verarbeitet worden, läßt sich nicht bestimmen. Bei Eröffnung der Bühne des Griechischen Lebens sind fast alle vorzügliche, im Lager wie im Hause, bereits im Gebrauche: Eisen, Kupfer und Gold [120]), Silber [121]),

115) Plin. VII. 57.

116) Clemens Alex. Strom. I. 16 Ed. Potter. p. 362.

117) Strabo XIV. 965. 966.

118) Aeschyl. ap. Plutarch. de orac. defectu. Ed. Reisk. T. VII. p. 707.
Alcaeus ap. Athen. XIV. p. 627.

119) Odyss. VIII. 293 294.

120) Il. IV. 511. V 723. VI. 48. VIII. 15. IX. 365. 366. XI. 133. XXII. 340. XXIII. 834.
Odyss. V. 38. 244. XIII. 136. XXI. 10. 423.

121) Il. II. 857. V. 726. X. 438. XI. 18. 237. XVII. 52. XVIII. 475.
Odyss. IV. 73. VI 233. X. 35. 45. XXIII. 159. 200.

Blei [122]) und Zinn [123]). Der leichten Schmelzbarkeit wegen ist das letzte viel gebraucht worden, theils allein, theils vergoldet, zur Verzierung der Waffen und Streitwagen [124]), zu Thierbildern [125]); die Beinharnische waren entweder blos von Zinn [126]), oder von verzinntem Eisenblech [127]). Aus diesen und manchen andern Angaben ist aber nicht zu ersehn, ob die Metalle in Griechenland selbst gewonnen und verarbeitet, oder im Handel mit den Phönikern eingetauscht worden. Von dem Golde, Silber und Zinn ist das Letztere wahrscheinlich. Denn der Betrieb der Goldbergwerke auf Siphnus [128]), und derer, welche die Thasier auf dem gegen über liegenden festen Lande von Thrakien besaßen [129]), so wie der Silberbergwerke am Thrakischen See Prasias [130]), dürften in eine etwas spätere Zeit gehören. Eben dies gilt in Ansehung der Gold- und Silber-Gruben am Pangäus

122) Il XI. 237.

123) Hesiod. Theog. 862.

124) Il. XI. 25. 34. XX. 271. XXIII. 503. 561.

125) Il. XVIII. 574.

126) Ibid. XXI. 592.

127) Ibid. XVIII. 612.

128) Herodot. III. 57.
Pausan. X. 11. §. 2.
Sonnini a. a. O. S. 294.

129) Herodot. VI. 46. 47.
Thucyd. IV. 105.

130) Herodot. V. 17.

in Makedonien [131]), und der Silberbergwerke bei Damastium in Epirus [132]). Die Attischen Silbergruben [133]) sind hier nur in Beziehung auf die frühere Zeit zu erwähnen, als ihre Ausbeute noch in den Handel gekommen ist.

Die Aufsuchung und Bearbeitung des Eisens ist am thätigsten auf den oben genannten fünf Inseln betrieben worden. Mit den Metallen, welche die Lakedämonier gewonnen und zugerichtet haben [134]), ist ebenfalls Eisen und Stahl gemeint [135]). Metallfabriken, insonderheit Waffenschmieden, haben an vielen Orten bestanden [136]). Magnetischer Eisenstein wurde gegraben bei Echium in Böotien [137]), und auf der Insel Aethalia oder Ilva (Elba) im Tyrrhenischen Meere [138]). — Kupferschiefer

131) Id. VII. 112.
Xenoph. Hellen. V. 2. §. 17.
Diodor. XVI. 8.
Strabo VII. 511. B.

132) Ibid. p. 502.

133) Xenoph. de vectigg. 4.

134) Strabo VIII. 564.

135) Steph. Byz. v. Λακεδαίμων.

136) Aelian. var. hist. III. 24.
Pollux I. 149.

137) Plin. XXXVI 16.

138) Strabo V. 342.
Diodor. V. 13.
Plin. III. 6.

und Schmelzhütten auf Kyprus [139]). Von Temesa haben die Taphier Kupfer geholt, und dafür Eisen hingebracht [140]); es ist aber unbestimmt, welche Ortschaft dieses Namens gemeint sei, ob die, auf dem metallreichen Kyprus [141]), oder die auf der Südspitze von Großgriechenland liegende, wo sich ebenfalls Kupferwerke befunden haben [142]). Bis in die Gegend der Insel Kyprus haben sich allerdings die Handelsfahrten der Taphier erstreckt [143]); daß sie aber Eisen in ein Land gebracht haben sollten, das so reich daran war, und so viel ausführte, ist nicht wahrscheinlich. — Vitriol und Grünspan auf eben dieser Insel [144]). — Bleiweis ist auf Rhodus aus dem einheimischen Mineralstoffe bereitet worden [145]), und Mennig bei Ephesus, östlich in der Gegend des

139) Strabo XIV. 1003.
Plin. XXXIV. 2. 10. 12.
Sonnini a. a. O. S. 22.

140) Odyss. I. 184.

141) Strabo VI. 393. XIV. 1003.

142) Id. I. 13. VI. 392. 393. XII. 829.
Plin. III. 5.
Ovid. Metamorph. XV. 707.
Vergl. Nitzsch, erklärende Anmerkungen zu Homers Odyssee I. 36.

143) S. Einleitung S. 3.

144) Strabo XIV. 1003.
Plin. XXXIV. 12.

145) Plin. XXXIV. 18. XXXV. 6.

Kilbianischen Gefildes [146]. — Schwefel auf Melus [147]. — Alaun eben daselbst und auf Kyprus [148]. — Erdharz, Asphalt, bei Apollonia in Illyrien [149]. — Steinflachs, Asbest, Amiant, aus dessen Gewebe Tischtücher, Netze, Kopfbedeckungen der Frauen verfertigt wurden, die man im Feuer vom Schmutze reinigen konnte, warp besonders bei Karystus auf Euböa [150], und in Arkadien [151], gefunden. — Siedereien von Seesalz vorzüglich an den Küsten der oft erwähnten Inseln Kyprus [152], Rhodus [153], Kreta, Euboea, auch in Attika, Megara, und bei Tarentum [154]. — Unter dem im Kyrenäischen Gebiete gegrabenen Ammonischen Salze ist nicht unser Salmiak, sondern gewöhnliches Steinsalz zu verstehn [155].

---

146) Id. XXXIII. 7.

147) Id. XXXV. 15.

148) Ibid.

149) Posidonius ap. Strabon. VII. 487.
Aelian. var. hist. XIII. 16.

150) Strabo X. 684. 685.
Plutarch. de orac. defectu. Ed. Reisk. VII. 708.
Steph. Byz. v. *Κάρυστος*.

151) Plin. XXXVI. 19. XXXVII. 10.

152) Id. XXXI. 7.

153) Strabo V. 342.

154) Plin. l. l.

155) Dioscor. V. 125 (126).
Columella VI. 17. §. 7.

Mannichfach waren die für den Handel geeigneten Stein- und Erd-Arten, und zwar bei weitem am meisten wieder auf den Inseln. Von edeln Steinen: Jaspis auf Kyprus [156]), Achat ebendaselbst, und auf Rhodus, Kreta, Lesbus, Sicilien, auch am Parnassus und in Messene [157]). — Scharfe Kiesel, um Gemmen zu schneiden und Marmor zu glätten, auf Kyprus [158]). — Viel Marmor, von verschiedner Güte und Farbe; vorzüglich geschätzt war der Parische [159]), und der Attische aus den Brüchen in den Pentelischen Bergen am Hymettus [160]); dann auch der Lakedämonische von Taenaron [161]), ferner der auf Rhodus [162]), Chius [163]), Euböa [164]). —

156) Plin. XXXVII. 9.

157) Ibid. c. 10.

158) Id. XXXVI. 7.

159) Theophrast. de lapid. ed. Schneid. p. 687. 688.
Strabo X. 746.
Plin. XXXVI. 5 init.

160) Xenoph. de vectigg. I. 4.
Strabo IX. 613.
Pausan. I. c. 19. §. 7. c. 32. §. 1.

161) Strabo VIII. 564.
Pausan. III. 21. §. 4.
Plin. XXXVI. 18. 22.

162) Id. XXXVII. 10, post med.: „Rhodio marmori similis."

163) Theophrast. l. l.
Strabo XIV. 955.
Plin. V. 31, post med. XXXVI. 6.

164) Strabo X. 684.

Gyps, Thon, Bolus, Kreide, Rothstein, auf Kyprus, Samus, Rhodus, Melus, Kea, und bei Sinope [165]). — Lemnische Erde, ein Bolus, zum äußern und innern ärztlichen Gebrauche, in abgemessenen Kugeln mit einem Siegel versehn, um gegen Betrug zu sichern [166]), daher auch Siegel-Erde genannt [167]). — Kimolische Erde, ein Seifenstein, zum Reinigen der Kleidungsstücke gebraucht [168]). Eine dieser Erde fast gleiche auf Melus [169]). Irdene Geschirre sind aus Attika [170]), und von Aulis und Tenedos [171]), auch von Kerkyra [172]), auf fremde Märkte geführt worden.

---

165) Theophrast. l. l p. 699—704.
Dioscor. V. 179 (180).
Strabo III. 213. A.
Plin. XXIV. 1. XXXV. 6. 7. 16.

166) Dioscor. V. 113.
Galen. 9.
Plin. XXVIII. 8. XXIX. 5. XXXV. 6. 13. 16.
Sonnini S. 369.

167) Plin. XXXV. 6.

168) Aristoph. Ran. 725.
Theophrast. l. l. p. 702. §. 62.
Strabo X. 742.
Sonnini S. 188. 189.

169) Theophrast. l. l.
Sonnini S. 263.

170) Herodot. V. 88.

171) Plutarch. de vitando aere alieno. Reisk. T. IX. p. 291.

172) Pseudo-Aristot. de mirabil. auscult. ed. Beckmann. N. CXI.

II.

Hauptsitze des mutterländisch-Griechischen Kunstfleißes und Binnenhandels der frühern Zeit.

Delus. Lemnus. Aegina. Lakedämon. Korinth. Sikyon. Chius. Athen.

In den Jahrhunderten des Germanischen Mittelalters hat es für frommen Sinn gegolten, nach Orten, an welche der Volksglaube die Gegenwart vermeintlicher Heiligen setzte, Wallfahrten anzustellen. Manche solcher Orte sind hierdurch zu bedeutenden Handelsplätzen gestiegen, unter andern in Deutschland Zurzach und Nürnberg, wohin die Pilger zur Verehrung der Verena und des Sebaldus zogen. Auf ähnliche Veranlassung ist in der ältesten Griechischen Zeit Delus, die Geburtsstätte des vaterschaftlichen Apollo, aus einem anfänglichen Wallfahrtsorte Mittelpunkt des Handels hauptsächlich der Jonischen Griechen im Aegäischen Meere geworden. Wie nun im Alterthum alle Religionshandlungen mehr oder minder mit sinnlichen Außendingen umgeben gewesen, die bald in Schauspielerei und Lustbarkeiten ausgeartet sind, so hat auch der auf die angegebene Veranlassung zu bestimmten Zeiten in Delus Statt findende Zusammenfluß vieler Fremden auf heitere Unterhaltungen geführt, auf Tanz und Gesang, Spiele und Dichtervorträge; daß endlich diese Nebendinge zur

Hauptsache geworden sind [1]). Was anfänglich Privatsache der Fremden gewesen, ward erhoben zur öffentlichen: ein förmlicher Verein in Beziehung auf die Theilnahme an den Festlichkeiten wurde unter den umliegenden Inseln, davon kykladische benannt, geschlossen, anfänglich unter zwölf, an die sich später andere Jonische Staaten, namentlich Athen, angeschlossen haben. Besondere Theoren, religiös-diplomatische Personen, vertraten bei den Feierlichkeiten ihre Regierungen [2]). Diese weitberühmten Zusammenkünfte, bei denen sich Vergnügung und Theilnahme wechselseitig steigerten, waren für den Handelsgeist eine mächtige Anregung. Die günstige Lage der Insel, ihr guter Hafen, erleichterten den Besuch. So hat der Delische Jahrmarkt in den Zeiten der Kindheit des Griechischen Handels in großem Rufe gestanden [3]). Mehr aber, als ein großer Markt, ist damals der Verkehr noch nicht gewesen; zum eigenen, selbstthätig betriebenen Handel ist er erst später gediehn, wovon unten, im zweiten Zeitraume.

---

1) Hymn. in Apoll. 146 seqq.
Thucyd. III. 104.
Pausan. III. 23. §. 2.

2) Strabo X. 743.
Plutarch. Nikias 3.

3) Pausan. l. l. et VIII. 33. §. 1: „τῆς Δήλου τότε ἐμπο-„ρίου τοῖς Ἕλλησιν οὔσης.“

Der Kunstfleiß aber in Verfertigung kupferner Geschirre reicht hinauf bis in den ersten 4).

Die Lemnier erscheinen schon früh als Unternehmer eines für eigene Rechnung geführten Zwischenhandels, und zwar, begünstigt durch die Lage ihrer Insel, zwischen der Küste von Thrakien, und der gegen über liegenden des nordwestlichen Klein-Asiens. In die letztere Gegend brachten sie Wein, zum Theil ihr einheimisches Gewächs, zum Theil auch wohl aus Thrakien; von beiden ist oben Erwähnung geschehn. Dafür tauschten sie nicht nur Eisen und Kupfer ein, wovon jenes von dem bekannten gewesen seyn wird, das am Ida gewonnen wurde [5]), sondern auch Häute, Rinder und Sklaven [6]).

Bei weitem mehr aber, als die Lemnier nördlich, bedeuteten südlich die überaus thätigen Aegineten, zu vergleichen mit den kunstfertigen, unverdrossenen, weitreisenden Nürnbergern des Mittelalters. Bewohner eines felsigen, von Scheren umgebnen 7), unfruchtbaren [8]) Eilandes im Saronischen Meerbusen, waren die Aegineten auf den Kunstfleiß

4) Plin. XXXIV. 2.

5) Vita Homeri c. 20.

6) Il. VII. 467 seqq.

7) Pausan. II. 29. §. 5.
Dodwell, classical and topographical tour through Greece. London 1819. I. 563.

8) Strabo VIII. 577.

und die Schifffahrt gewiesen. Sehr frühzeitig hat jener sich auf die Verfertigung vielerlei metallner Geräthschaften zum Hausbedarf und zum Schmucke gerichtet, wozu sie die ersten Stoffe an den Orten eintauschten, wo die Natur sie hervorbrachte. Hauptsächlich haben demnach die Hervorbringungen ihrer Werkstätten in sogenannter kurzen Waare bestanden 9); welche Betriebsamkeit aber in der Folge bis zur Darstellung künstlicher Bildwerke von Erz gestiegen ist [10]. Indessen hat der Aeginete auch kleine, nicht eben würdige Erwerbzweige nicht verschmäht, wohin die Salbenbereitung, vorzüglich aus Lilien, gehört [11]. Die nackte kleine Insel war belebt und reich durch eine sehr ansehnliche Zahl großer und mittlerer Handelshäuser; die Firma des Sostratus ist gewiß eine der ältesten und berühmtesten in der Handelsgeschichte des Alterthums [12]. Daß die Bewohner auch Sklaven eingekauft haben [13], kann nicht auffallen; die Zahl aber von 470,000 auf einer Insel von so

---

9) Strabo l. l.
Hesych. v. Αἰγιναῖα, τὰ ῥωπικὰ φορτία.
Pollux I. 99. VII. 9.
Conf. Aristot. Pol. IV. 4. §. 1. Schneid.

10) Plin. XXXIV. 2. 3.
Steph. Byz. v. Αἴγιναι.

11) Athen. XV. p. 689.

12) Herodot IV. 152.

13) Demosth. adv. Nicostrat. ed. Reisk. p. 1248.

geringem Umfange[14]) würde als höchst übertrieben vorkommen müssen, wenn sie nicht dadurch zu erklären wäre, daß diese Unglücklichen theils als Matrosen und Ruderknechte, theils und hauptsächlich in den Werkstätten, verwendet worden sind, und für die Zufuhr ihrer Beköstigung die See offen stand. Weil die Eigenthümer von Kunstwerkstätten dadurch wohlfeile Arbeit erlangten, konnten sie ihre Preise ermäßigen, und eben damit den Absatz vermehren.

Die Insel hatte zwei Häfen, von denen jedoch nur einer stark besucht war[15]). Aus vielen Gegenden liefen fremde Schiffe ein, um die vielfachen, für den täglichen Gebrauch so nöthigen Geräthschaften und Werkzeuge, gegen einheimische Waaren, abzuholen[16]). Mit einer Zuvorkommenheit und Gefälligkeit, die nichts zu wünschen übrig ließ[17]), wurden alle Fremde aufgenommen und behandelt. Neben diesem Eigenhandel der Ausländer trieben die Aegineten aber auch einen ausgebreiteten selbstthätig und für eigene Rechnung. Zwei Hauptniederlagen hatten sie auswärts dazu eingerichtet: Kydonia im westlichen Kreta, in der Nähe der Nordküste[18]),

14) Aristot. ap. Athen. VI. c. 20. p. 272.

15) Pausan. II. 29. §. 6. 8.
Skylax, ed. Huds. p. 54. Klausen p. 193.

16) Strabo VIII. 577.

17) Pindar. Nem. IV. 11. 12 (19. 20).

18) Strabo l. l.
Conf. Odyss. III. 292. XIX. 176.

und zu Kyllene im nordwestlichen Peloponnesus, einem Anker- und Stapel-Platze von Elis [19]), von welchem die Güter auf Lastthieren in das Innere der Halb-Insel, namentlich nach Arkadien, gebracht wurden [20]). Auf der kleinen Felsen-Insel Hippuris zwischen Kreta und Thera kann eine Niederlassung der Aegineten schwerlich deshalb angenommen werden, weil sie in einem alten Werke über Aegina vorgekommen ist [21]); denn theils ist sie zu unbedeutend, theils liegt sie in zu geringer Entfernung von Kydonia, und in zu großer von der Asiatischen Küste. Noch weniger ist glaublich, daß in Umbrien eine Colonie von Aegina bestanden habe [22]); die darüber vorhandne Nachricht ist zu unbestimmt, und dadurch unzuverlässig; eine Fahrt der Aegineten bis in die Italischen Gewässer kann nicht geschichtlich nachgewiesen werden.

Aller Handel der Griechen sowohl unter sich, als mit dem Auslande, kann zwar in so fern Tauschhandel genannt werden, als sie ihre Waaren überall gegen andere umsetzten; doch war es nur ein sogenannter Baratto-Handel, wobei die gewechselten Waaren, zur gegenseitigen Ausgleichung, doch nach einem

---

19) Thucyd. I. 30. II. 84 extr.
Strabo VIII. 520.
Pausan. IV. c. 23. §. 1. c. 26. §. 3.

20) Id. VIII. 5. §. 5.

21) Schol. Apoll. Rhod. IV. 1712.

22) Strabo VIII. 577.

gemeinschaftlichen Maßstabe abgeschätzt wurden, der seit der ältesten Zeit in den beiden edeln Metallen bestanden hat. Es war also kein unmittelbarer Tauschhandel, wie er mit rohen Völkern ferner Länder getrieben wird, unter denen noch kein Metallgeld im Umlaufe ist. Ohne auf die Gründe zurückzugehn, aus welchen Silber und Gold von jeher zum allgemeinen Tauschmittel der Handelswelt am meisten geeignet befunden worden, darf man als Thatsache annehmen, daß in dieser Erleichterung der Auseinandersetzung die Triebfeder bestehe, die das ganze Werk in Bewegung setze, ein Werk der Menschheit, das sich nicht darauf beschränkt, das sinnliche Daseyn zu erleichtern, zu bereichern und zu verschönern, sondern von dem die Geschichte auch Beispiele nachweiset, daß es durch Anregung edlerer Kräfte einen unvergänglichen Reichthum hervorgebracht hat. Es ist daher nur eine stoische Verschrobenheit, wenn Plinius [23]) das Gold verschreiet, und den eines Verbrechens zeihet, auf dessen Geheiß zuerst Goldmünzen geschlagen worden. Sonach können die Lakedämonier auf dem Schauplatze des Griechischen Handels nicht anders, als im Hintergrunde stehn. Keine Kunstwerkstätten in ihrem Lande, kein Kauffahrteischiff in ihren Häfen, wenigstens in der frühern Zeit [24]);

---

23) L. XXXIII. c. 1 init. et c. 3 init.

24) Plutarch. Lykurg. 9.

sehr natürlich, da ihr Tauschmittel nicht in Golde und Silber bestand, und nicht ein Mal aus Kupfer, sondern aus Eisen geschmiedet wurde. An Gold- und Silber-Arbeiter ist demnach nicht zu denken. Wenn gleichwohl von „Lakonischen goldnen Krateren" die Rede ist[25], so können darunter, wenigstens zu der Zeit, in welche die Erzählung fällt, nicht solche verstanden werden, die daselbst gemacht worden, sondern es müssen Krateren blos von Lakonischer Form gemeint seyn; wonach es sich damit nicht anders verhält, als mit den in derselben Erzählung kurz vorher erwähnten „Delphischen Dreifüßen," die entweder ebenfalls von der nachgebildeten Form, oder von ihrer Bestimmung, genannt sind. Krater, Kriteridion, Kraterion[26], Krateria[27], sind Benennungen für Geschirre von verschiedner Größe, Form und Bestimmung: für Weinschalen[28], Oelkrüge[29], Näpfe zu mancherlei Gebrauche[30]. Die Lakedämonischen, wahrscheinlich irdenen, mögen von eigenthümlicher Gestalt gewesen seyn. Die Fingerringe des streitbaren Bauernvolks waren von demselben

25) Athen. V. 7. p. 198. 199.

26) Pollux X. 72.

27) Dioscor. IV. 152 (155).

28) Pollux VI. 4.

29) Id. X. 130.

30) Dioscor. l. l.

Stoffe, wie sein Geld [31]). Was auf den Landhöfen zum eigenen Gebrauche in der Haus- und Feld-Wirthschaft, und im Kriege, durch unterthänige Leute gearbeitet worden, ist nicht in den Handel gekommen. Nur die Sachen der Schwertfeger [32]) scheinen, was die Erzeugnisse des Kunstfleißes betrifft, in einem unbedeutenden Gränzverkehr abgesetzt worden zu seyn. Es finden sich überhaupt im größten Theile des Peloponnesus von gewerblicher Thätigkeit wenige Spuren; auf den Ertrag der Ländereien und Heerden hat sich der Ausfuhrhandel fast beschränkt, wozu einige Häfen dienten [33]). Die meiste Regung herrschte in Nauplia, dem Hafen von Argos [34]), und in dem, von Trözene, dem sogenannten Pogon [35]).

Unter allen Griechischen Handelsstaaten des ersten Zeitraums stand in Ansehung sowohl der Wichtigkeit als des Umfangs der Geschäfte, unbedingt oben an Korinth. Begünstigt durch seine Lage, und vermöge derselben im Besitze eines nicht unerheblichen

31) Plin. XXXIII. 1.

32) Xenoph. Hellen. III. 3. §. 7.
Pollux I. 137. 149.

33) Thucyd. I. 120.

34) Strabo VIII. 566.
Athen. I p. 27.
Conf. Thucyd V. 82.
Pollux I. 149.

35) Herodot. VIII. 42.

Landzolls[36]), behauptete sich dieser Platz zuvörderst als Mittelpunkt des Binnenhandels zwischen dem Festlande und der Halb-Insel. Aufgefodert durch eben dieselbe einzige Lage, vermittelte er ferner im ausländischen Zwischenhandel für eigene Rechnung zwischen Asien und Italien. Dieses schon hier zu erwähnen, und damit der Darstellung des auswärtigen Handels vorzugreifen, ist zweckdienlich, damit die mannichfache Betriebsamkeit der Korinther im Zusammenhange übersehn werde. Aus demselben Grunde muß die Ausführung sich noch weiter, selbst bis in die spätere Zeit erstrecken, und auch die Arbeiten aus Korinthischem Erz umfassen.

Zu beiden Seiten der Land-Enge befand sich ein Hafen. Der östliche, am Saronischen Meerbusen, Kenchrea von dem Vorgebirge und einer dabei liegenden Ortschaft genannt, war für die nach Asien absegelnden und von da einlaufenden Schiffe; der westliche, Lechäum, am Korinthischen Meerbusen, für den Verkehr mit Italien, insonderheit mit dem Adriatischen Meere und den Griechischen Ansiedelungen an den dortigen Küsten[37]). Das Einlaufen in

---

36) Thucyd. I. 13.
Strabo VIII. 580.

37) Xenoph. Hellen. IV. c. 4. §. 7. — c. 5. §. 1. — VI. 5 §. 51. — VII. 1. §. 41.
Strabo VIII. 567. 580—83.

jenen ward durch das Vorgebirg erschwert[38]). Den Gedanken, beide Häfen durch einen Kanal zu verbinden, und dadurch den Verkehr ungemein zu erleichtern und zu beschleunigen, hat, so viel mit Gewißheit bekannt ist, zuerst Demetrius Poliorketes gefaßt. Es sollen aber Sachverständige erklärt haben, durch Ausführung des Plans würden Aegina und die übrigen Inseln des Saronischen Meerbusens Ueberschwemmungen ausgesetzt werden, weil der Wasserspiegel desselben tiefer läge, als der, des Korinthischen[39]). Die Sache blieb daher liegen. Später ist der Plan von Julius Cäsar[40]), Caligula und Nero[41]) wieder aufgenommen worden; immer ohne Erfolg; denn immer ist das Unternehmen gescheitert an dem widerstrebenden Felsengrunde, an der Schwierigkeit, die nöthige Bewässerung zu bewerkstelligen, und an

---

Plin. IV. 4.

Pausan. II. c. 1. §. 5. — c. 2. §. 3. — VII. 6. §. 4.

Gell, narrative of a journey in the Morea. London 1823. p. 389.

38) Photii lex. et Suid. v. „οὐ παντὸς ἀνδρὸς ἐς Κόρινθον „ἔσθ' ὁ πλοῦς, — — ἢ διὰ τὸ δυσείσβολον εἶναι τὸν „πλοῦν.“

39) Strabo I. 94.

40) Sueton. Caesar. 44.
Plutarch. Caes. 58.
Plin. IV. 4.

41) Sueton. Calig. 21. Nero 19.
Plin. et Plutarch. l. l.

der noch geringen Kenntniß des Schleusenbaues [42]; wozu die Breite einer Bodenfläche von der angegebenen Beschaffenheit kömmt, deren Angaben sich auf 5000 Schritte zurückführen lassen [43]. Was in jener Zeit nicht gelingen konnte, würde, bei dem jetzigen Standpunkte der Wasserbaukunst, und bei der Möglichkeit, Felsen zu sprengen, ausführbar seyn, wenn die Regierung dieses Landes, das unverzüglich auf Europäischen Fuß eingerichtet werden soll, die geringen ihr zu Gebote stehenden Mittel nicht zunächst auf Anstalten von größerer Dringlichkeit verwenden müßte.

Einer besondern Beachtung werth ist in Korinth der Stand der Künstler und Handwerker. In dem Urtheil über denselben reicht zwar der Blick eines Demosthenes, Aristoteles, und andrer Staatsgelehrten nicht über den Gesichtskreis hinaus, worin das Alterthum, jedoch nicht das früheste, befangen war, da fast alle Staaten auf Grund = Eigenthum und Landbau beruhten; doch äußern sie sich hierüber in verschiednen Graden. Demosthenes, wiewohl er das Attische Volk durch Zusammenstellung mit der Eule und der Schlange treffend genug gezeichnet hat [44],

42) Conf. Dodwell l. l. (supra N. 7) II. 184. 185.

43) Diodor. XI. 16.
Strabo VIII. 516.

44) Plutarch. Demosth. 26.

spricht sich dennoch gemäßigt aus, wo es auf Grundsätze ankömmt: „großartiger Entwürfe ist nicht fähig, „wer kleinliche Arbeiten verrichtet, denn wie die Beschäftigung des Menschen, so ist sein Geist [45].“ Wie streng und schroff dagegen Aristoteles! Er will den Handwerker nicht als Ehrenmann anerkennen, verweigert ihm in wohlgeordneten Staaten den Zutritt zu den obrigkeitlichen Aemtern, entzieht ihm also das Vollbürgerrecht [46]; doch kann er nicht umhin, mit den Staaten von oligarchischer Verfassung, die nach seiner Darstellung mit der timokratischen einerlei ist, eine Ausnahme zu machen, und den reichen Fabrikherrn volle Rechte einzuräumen, weil da die Schatzung der Maßstab bei Vertheilung der öffentlichen Aemter ist [47]. Das Gebäude seiner Staatslehre ist errichtet auf der Grundlage der damaligen Staatenkunde, deren er in einem Grade, wie keiner, mächtig war. Nur der gesellschaftliche Zustand der spätern Jahrhunderte hat ihm dabei vorgeschwebt, als Griechenland eine Anzahl von Sklaven unterhielt, und diese nicht blos zum Feldbau

---

45) Demosth. Olynth. III. 37. 10 seqq.

46) Aristot. Pol. III. 3. §. 3 extr.: „οὐ γὰρ οἷόν τ' ἐπιτη-„δεῦσαι τὰ τῆς ἀρετῆς ζῶντα βίον βάναυσον.“
Ibid. §. 2: „ἡ δὲ βελτίστη πόλις. οὐ ποιήσει βάναυ-„σον πολίτην.“

47) Ibid. §. 4.

und zu häuslichen Diensten, sondern auch zu den Handwerksarbeiten, gebraucht wurden [48]). Früher, ehe hierdurch auf solche Geschäfte ein Schatten geworfen war, ist die Hand-Arbeit auch für den freien Mann ehrenhaft gewesen [49]). Wenn demnach in Korinth, obgleich die Zahl der Sklaven daselbst nur um zehntausend Stück geringer angegeben wird, als in Aegina [50]), der Künstler- und Handwerker-Stand doch zu allen Zeiten sich in der bürgerlichen Ehre behauptet hat [51]), so kann dieß seinen Grund nur in der Vorzüglichkeit der Arbeiten haben, die aus den Werkstätten hervorgingen, zum Reichthum und Ruhme der Stadt beitrugen, und das Vorurtheil gegen den Stand der Urheber besiegten. Im spätern Griechischen, wie im Römischen Zeitalter sind die künstlichen, geschmackvollen Gefäße und Bildnisse in Thon und Metall ein Gegenstand allgemeiner Bewunderung gewesen [52]).

Ueber den Ursprung des von Römischen Schriftstellern oft erwähnten Korinthischen Erzes, woraus viele Geschirre und Gefäße verfertigt worden

---

48) Id. III. 2. §. 8.

49) Hesiod. opp. et dies 309 seqq.
Plutarch. Solon. 2.

50) Athen. VI. 272.

51) Herodot. II. 167.

52) Strabo VIII. 585. 586.
Plin. XXXIV. 2. 8.

sind [53]), hat die irrige Meinung geherrscht, es sei zufällig bei der Einäscherung der Stadt durch Zusammenschmelzen der in den Werkstätten aufgehäuften edeln Metalle und ehernen Bildnisse entstanden [54]). Schon geraume Zeit aber vor dieser grausamen Römischen That ist die unter jenem Namen bekannte, hauptsächlich aus Kupfer und Gold bestehende Mischung im Gebrauche gewesen, und verarbeitet worden [55]).

In der Verfertigung metallner Kunstwaaren sind den Korinthern die benachbarten Sikyoner zwar nicht gleich gekommen, doch haben sie mit Erfolg, und zwar früh schon, deren sich befleißigt [56]). Auch ihre Maler [57]) und geschickten Wagner [58]) gehören noch in die frühere Zeit; in die spätere aber fallen wohl die Arbeiten ihrer Schuhmacher [59]), denen die, der

---

53) Cic. Rosc. Amer. 46. — Verr. II. 34. 72. IV. 44. — Tusc. II. 14.
Plin. l. l.

54) Florus II. 16 extr.
Plin. l. l.

55) Athen. IV. 1. p. 128 D.

56) Plin. XXXVI. 4: „Sicyon diu fuit officinarum omnium „metallorum patria."

57) Athen. V. c 6.
Strabo VIII. 586.

58) Demosth. adv. Mid. p. 565. 27.

59) Cic. de orat. I. 54.
Pollux VII. 93.

Argivischen[60]), und noch mehr der Amykläischen[61]) an Zierlichkeit unstreitig nachgestanden haben.

Schon im sechsten Jahrhundert vor unsrer Zeitrechnung wird unter den Bewohnern der Insel Chius ein Meister Glaukus als Erfinder der Kunst zu löthen ausgezeichnet[62]). Dies berechtigt zu der Annahme, daß überhaupt Kunstfleiß und Betriebsamkeit daselbst Statt gehabt, und der bekannte lebhafte Verkehr der Insel[63]) sich nicht auf die Ausfuhr der Hervorbringungen des Bodens, insonderheit des Weins, beschränkt, sondern auch den Vertrieb von Kunstwaaren umfaßt habe. Ueber die Werke der Meister in der Plastik, die sich darunter befunden[64]), fällt, da sie nicht zu den gangbaren Handelsgegenständen gehörten, jede weitere Ausführung der Kunstgeschichte

60) Hesych. v. Ἀργεῖα.
Pollux l. l.

61) Id. VII. 88.
Hesych. v. Ἀμυκλαΐδες et Λακωνικαί.

62) Herodot. I. 25 extr.
Pausan. X. 16. §. 1.
Athen. V. c. 13.
Die Schriftsteller gebrauchen den Ausdruck: σιδήρου κόλλησις. Aus der Beschreibung des letztern erhellt deutlich das Löthen: „ἔλασμα ἕκαστον τοῦ ὑποθήματος „ἐλάσματι ἄλλῳ προσεχὲς οὐ περόναις ἐστὶν ἢ κέντροις, „μόνη δὲ ἡ κόλλα συνέχει τε, καὶ ἔστιν αὕτη τῷ σιδήρῳ „δεσμός.“

63) Aristot. Pol. IV. 4. §. 1.

64) Plin. XXXVI. 5.

anheim. Zu den gröbern und anstrengenden Arbeiten in den Werkstätten haben die Chier ebenfalls erkaufte Sklaven verwendet, ja sie sollen die ersten gewesen seyn, die das gethan[65]); wie sich die Lesbier zuerst der Sklavinnen zur Verrichtung weiblicher Arbeiten bedient haben[66]). Zum Schutze seiner Gewerbthätigkeit unterhielt Chius eine ansehnliche Seemacht[67]).

In **Attika** sind Kunstfleiß und Handwerke zwar nicht unbedeutend gewesen[68]); sie wurden durch Bürger und Beisassen, großentheils freilich ebenfalls durch Sklaven[69]), betrieben; was sie aber auf den auswärtigen Markt geliefert, ist weder an Mannichfaltigkeit den Aeginetischen Arbeiten, noch an Feinheit und Geschmack den Korinthischen, zur Seite zu stellen gewesen. Den meisten Ruf hatten wohl die Brustharnische[70]) und die Schwerter[71]). Auch die Trinkgefäße kamen in Betracht, durch deren Einfuhrverbot die Aegineten und Argiver ihren Haß gegen Athen

---

65) Theopomp. ap. Athen. VI. 18. p. 265. B.
66) Il. IX. 128. 129.
67) Strabo XIV. 954.
68) Xenoph. de vectigg. III. §. 2.
69) Ejusd. memorab. Socr. II. 7. §. 3. 4.
70) Aelian. var. hist. III. 24.
Pollux I. 149.
71) Demosth. adv. Apohob. I. 816.
Id. pro Phorm. 945. 947. 20. 28.

ausgelassen haben [72]). Nicht eben hoch anzuschlagen sind aber die Putzsachen für das weibliche Geschlecht [73]). Von größerm Belang, als die Erzeugnisse der städtischen Betriebsamkeit, sind unstreitig die, der ländlichen, gewesen. Denn wenn es nicht eine mißverstandne Sage ist, daß in den Solonischen Gesetzen ein Ausfuhrverbot dagegen bestanden habe [74]), mit alleiniger Ausnahme des Oels [75]), so beweisen viele Beispiele, daß dieses Verbot gänzlich in Vergessenheit gekommen, und streng nur in Ansehung des Getreides fortbestanden hat, wovon unten. Selbst die Feigen sind unter andern bis nach Persien versandt worden *).

Das Attische Silbergeld war gediegener, von besserm Korn, als in andern Griechischen Staaten, wiewohl die einzelnen Stücke kleiner, also leichter waren. In Beziehung hierauf verdient eine Stelle in Xenophons Schriften angeführt zu werden [76]). „Wenn fremde Kaufleute bei uns keine Rückfrachten

---

72) Herodot. V. 88.
Athen. XI. 502.
Vergl. oben S. 37.

73) Xenoph. I l. c. 10.

74) Plutarch. Solon 24.

75) Ibid. et c. 2.
Vergl. Böckh Staatshaush. d. Athen. I. 45. 46.

*) Oben S. 22.

76) De vectigg. III. 2.

„nehmen, sondern für ihre Waaren die Zahlung in „Gelde fodern, so haben sie dabei Vortheil; denn „überall, wo sie dieses wieder ausgeben, erhalten sie „Aufgeld." Diese Darstellung möchte wohl verfehlt seyn. Die Attischen Gewerbleute, wie sie in den Reden des Demosthenes erscheinen, müssen als gewitzigt genug angenommen werden, um bei ihren Baarzahlungen an Ausländer den Cours der einheimischen Münze nicht außer Acht zu lassen. Sollte gar dieser Umstand, und zwar auf den gesammten Handel Athens ausgedehnt, als ein Beförderungsmittel desselben vorgestellt werden, so würde das gegen die ersten volkswirthschaftlichen Grundsätze streiten. Denn abgesehn von dem eben angeregten Zweifel, hätte das gute Geld zwar Ausländer bewegen können, Güter nach Athen zu führen, ohne Rückladungen zu nehmen, weil sie mit diesen, wofern es nicht Zwischenhandel war, daheim keine Geschäfte machen konnten; weit entfernt aber, den öffentlichen Wohlstand zu befördern, wäre dann im Gegentheil für Athen die Handelsbalance nachtheilig gewesen. Und in dem Handel mit dem Norden war sie das wirklich. Denn für einen so bevölkerten, und eine so starke Seemacht unterhaltenden Staat waren die aus dem Pontus bezogenen Natur-Erzeugnisse, denen unten ein eigener Abschnitt gewidmet werden soll, durchaus unentbehrlich; von den Attischen aber konnten an die rohen Skythen nicht so viel abgesetzt werden, um den beiderseitigen Werth auszugleichen, es mußte also baares Geld hinzukommen.

III.

Sklavenhandel.

Bei Attika, und früher schon bei Aegina, Korinth und Chius, ist gelegentlich des Gebrechens gedacht worden, mit dem alle wohlhabende Staaten Griechenlands behaftet waren, Sklaven überhaupt, und in so unverhältnißmäßiger Zahl, zu halten. Im geeigneten Zusammenhange müßte es sehr anziehend seyn, von dem menschheitlichen Standpunkte aus diesen Gegenstand aufzufassen, und das Wesen einer politischen Freiheit zu prüfen, deren, wie in Athen, von erwachsenen Menschen nur je fünf vom Hundert theilhaftig waren *). Selbst die Bessern des Zeitalters, die den Maßstab bei dessen Würdigung abgeben müssen, ein wohlwollender Sokrates, ein scharfsehender Aristoteles, haben nicht vermocht, den Nebel zu durchdringen, und die barbarische Kehrseite ihrer Staaten zu erkennen. Wenn jener gesagt haben soll, die Muße sei das edelste Gut [1]), sei die

---

*) S. unten, S. 59.

1) Diog. Laert. II. 5. N. 14.

Schwester der Freiheit [2]), so liegt darin mittelbar die Billigung der Unterhaltung von Sklaven zu den körperlichen Arbeiten. Aristoteles stellt die Meinung auf, da die vollendete Demokratie gleich sei der Tyrannis, worin er Recht hat, so drohe in jener dem Volke von Seiten der Sklaven keine Gefahr, selbst wenn sie mit unter muthwillig seyn sollten; denn der Tyrann habe von ihnen so wenig zu befürchten, wie von Weibern [3]).

Es ist hier nur die Aufgabe, das Vorzüglichste von dem Menschenhandel der Griechen anzuführen, nebst einigen, den erlauchtesten Staat Griechenlands, den Attischen, betreffenden Zahlen und Eigenthümlichkeiten. Die weit gehende Sprechfreiheit, die in demselben den Sklaven gestattet war [4]), und die bei manchen in Frechheit ausartete [5]), doch ohne gefährlich zu werden, mag jene Aristotelische Aufstellung veranlaßt haben. Ueberhaupt hat sich hier die Gesetzgebung etwas um den Zustand dieser Opfer eines grausamen Zeitalters bekümmert; sie mäßigte die unmenschliche Willkühr mancher Leibherrn [6]), sie begünstigte sogar, daß ein aus Verzweiflung entlaufener

2) Aelian. var. hist. X. 14.
3) Aristot. Pol. V. 9. §. 6. — VI. 2. §. 12.
4) Demosth Philipp. III p. 111.
5) Xenoph. de rep. Ath. I. 10: „ἀκολασία."
6) Demosth. adv. Mid. 529. 530.
Athen. VI. 19. p. 266.

Sklave an einen andern Herrn verkauft werden konnte 7). Eine andere milde Bestimmung scheint nicht aus so reiner Quelle geflossen zu seyn. Wie in Rom das Porcische Gesetz „zum Besten des Rük-„kens der Bürger 8)" gegeben war, sollte in Athen Niemand einem Sklaven, der ihm etwa nicht aus dem Wege gehn wollte, einen Schlag versetzen 9). Man hätte sich nämlich immer der Gefahr blos gestellt, einen freien Bürger zu schlagen, da der schmutzige, zerlumpte, hungrige Pöbel, der nur von Staats-Almosen und der Sykophantie lebte, von den Sklaven nicht zu unterscheiden war. Es muß auf den Straßen von diesen gewimmelt haben. Wiewohl in Attika nach Verhältniß der Größe des Gebiets, ja überhaupt, ihre Zahl bei weitem geringer war, als in dem gewerbsamen Aegina und Korinth, so sind doch immer noch zwanzig auf einen freien, nämlich erwachsenen Bürger gekommen, wenn von ihnen die Kopfzahl zu 400,000 angenommen 10), und von den volljährigen Bürgern, mit Berücksichtigung des Wechsels in der Bevölkerung, die mittlere Zahl auf 20,000 angesetzt werden darf 11). Gewinnsüchtige

7) Aristoph. fragm ap. Polluc. VII. 13.
8) Liv. X. 9.
9) Xenoph. l. l.
10) Athen. VI. 20. p. 272.
11) Erschöpfende Untersuchung in Böckhs Staatshaushaltung rc. I. S. 35—43.

Geldreiche sind in ihrer Menschenverachtung so weit gegangen, Schaaren von Sklaven anzukaufen, die sie auf die Schiffe, in die Mühlen, in die Bergwerke, auf die Bauplätze, vermietheten [12]). Einige, die dieses Gewerbe getrieben, sind namentlich bekannt, wenn es auch mit den runden Zahlen nicht so genau zu nehmen ist. Philomenides soll 300 gehalten haben, Hipponikus die doppelte Zahl [13]). Nicht weniger als 1000 hat Nikias, Sohn Nikerats, einem Thrakier Sosias zu den Arbeiten in den Silbergruben vermiethet [14]); das sind jedoch ohne Zweifel dieselben gewesen, von denen berichtet wird, er habe sie in eigenen Bergwerken verwendet [15]), so daß dem unternehmenden Thrakier Gruben und Knappschaft zusammen verpachtet gewesen. Nicht allein aber zu solchem Gebrauche, und zu häuslichen und Feld-Arbeiten haben die Sklaven gedient, sie sind auch eine Waare gewesen, mit der Athen, wo zum Einkaufe eine besondere Stelle angewiesen war [16]),

12) Xenoph. de rep. Ath. I. 11. 17.
Id de vectigg. IV. 20.
Theophrast. Charact. 22 (de illiberalitate).

13) Xenoph. de vectigg. IV. 15.

14) Ibid. c. 14.
Athen. I. I.

15) Xenoph. memorab. Socr. II. 5. §. 2.
Plutarch Nikias 4.

16) Pollux VII. 11.

Zwischenhandel aus dem Pontus, insonderheit nach Sicilien, getrieben hat [17]).

Zum Theil sind die in den Handel kommenden Sklaven verkaufte Kriegsgefangne, oder Unglückliche gewesen, die in die Hände der Seeräuber gerathen; am häufigsten aber machten sie eine gewöhnliche Ausfuhrwaare wilder Gebirgsländer aus, wo bei aller Armuth ein derber Menschenschlag gedeiht. Thrakien, die Skythischen und Kaukasischen Länder, Medien, Armenien, Phrygien, lieferten die größere Zahl. Der weiblichen Sklaven gab es in Griechenland verhältnißmäßig nicht viele; die meisten, die auf den Markt kamen, waren männlichen Geschlechts und erwachsen. Denn ein Contubernium wurde selten gestattet, und die Sklavenzucht war kostspielig, und wegen der Kinderkrankheiten mißlich; wogegen man auf dem Markte sich starke, zur Arbeit unmittelbar taugliche Leute aussuchen konnte. Dem Chier Panionius ist für die beispiellose Unmenschlichkeit, Knaben aufzukaufen, sie zu verschneiden, und nach Klein-Asien zu verhandeln, auf entsetzliche Weise Vergeltung widerfahren [18]).

Der schon oben *) erwähnte Menschenhandel der Lemnier [19]) fällt in die frühesten Zeiten. Hauptsächlich

17) Demosth. adv. Apatur. 895. 896.

18) Herodot. VIII. 105 seqq. Conf. III. 48. 49. 92. VI. 32.

*) S. 40.

19) Il VII. 475.

befand sich derselbe während des ganzen ersten Zeitraums dieser Geschichte in den Händen der welthandelnden Phöniker, mit dem Stapel zu Tyrus[20]), von wo aus die in Rede stehende Waare unter andern nach Griechenland abgesetzt wurde[21]). Ungeachtet hier in der Folge die Kilikier mit ihnen wetteiferten[22]), sind sie doch von dem Hauptmarkte des Sklavenhandels der Griechen, von Delus, nicht verdrängt worden[23]); was aus gewissen Festsetzungen erhellt, worüber sich Tyrische Kaufleute und Schiffer, die oft dahin kamen, vereinigt hatten[24]). Es ist ein bezeichnendes Merkmal der Sittenstufe, auf der sich das Griechische Volk befunden, daß eine Insel, deren Boden für geweiht, für unverletzlich gehalten wurde, weshalb kein Begräbniß darauf gestattet, keine feindliche Landung zu befürchten, kein Ort für die gemeinschaftliche Kriegskasse der Griechen sicherer war, daß eben dieselbe Mittelpunkt des Menschenhandels seyn konnte, wo an manchen Tagen wohl zehntausend Stück umgesetzt wurden[25]).

---

20) Ezech. XXVII. 13.

21) Joël III. 11.
Conf. Pollux III. 78—81.

22) Strabo XIV. 985.

23) Ibid.

24) Inscript. ap. Spon. in Miscell. eruditae antiq. p. 344.
Conf. Corsini fasti Attici I. 375—379.

25) Strabo l. l.

Zweiter Theil.

Auswärtiger Handel.

I.

Griechisch-Phönikischer Handel.

An dem Handel in Griechenland haben die Phöniker, vorzüglich in der frühern Zeit, einen so wesentlichen Antheil gehabt, daß sich die Darstellung desselben in einer besondern Ausführung unmittelbar an jenen anschließen muß. Der Anfang kann auch hier nicht anders, als mit der Aufzählung der Waaren gemacht werden, die sie eingeführt haben; und die Reihe beginnt am angemessensten mit derjenigen, die in der ganzen Geschichte des Handels der Griechen die schwierigste ist, weshalb sie den Gegenstand der Forschung mehrerer Gelehrten ausgemacht hat, mit der Untersuchung über das *Electrum* [1]). Zwar

1) J. M. Gesneri de electro veterum praelectio, habita a. 1753. In comment. societ. scient. Götting. T. III. p. 67 seqq.
Beckmann. ad Pseudo-Aristot. de mirabil. auscult. c. 82. p. 163 seqq.
Buttmann: Mythologus II. 337 ff.

müssen, der häufigen Behandlung ungeachtet, die einschlagenden Stellen von neuem angeführt werden; es kann dies aber in Kürze, und mit Beziehung auf jene Forschungen geschehn, deren Kenntniß und Vergleichung bei dem Leser vorausgesetzt werden darf. Und weil das *Succinum* der Römer hiermit in einem gewissen Zusammenhange steht, so muß auch dieses in den Umfang der folgenden Abhandlung gezogen werden.

Hauptsächlich kömmt es auf die Frage an, was im Homerischen und Hesiodischen Zeitalter unter Electrum verstanden worden. In zweien Stellen Homers ist die Rede von einem mit electris besetzten, goldnen Brustschmucke [2]): hier läßt sich nicht entscheiden, ob ein Mineral, oder ob Bernstein, gemeint sei; keinem von beiden ist der Zusammenhang entgegen. Weniger zweifelhaft ist eine dritte, worin Hausgeräth von Gold, Silber, Electrum und Elfenbein erwähnt wird [3]): ohne Zwang wäre diese nicht auf jenes Baumharz zu deuten. Denn korallenförmige Kügelchen, Buckeln, oder eingesetzte Felder, können doch hier nicht zu verstehn seyn, sondern mindestens kleine Schalen und andere feine Geräthschaften, da eben dies bei den goldnen, silbernen und elfenbeinernen der Fall ist. Der Bernstein ist aber bekanntlich

2) Odyss. XV. 459. XVIII. 295.
3) Ibid. IV. 73.

ein so spröder, zerbrechlicher Stoff, daß die ihn bearbeitenden Künstler mit ihren kleinen und feinen Werkzeugen sehr behutsam verfahren müssen, weil nur zu leicht Splitter davon abspringen. Hierzu kömmt, daß große Stücke, aus denen Gefäße gemacht werden können, selten gefunden werden. Daher sind auch im Mittelalter, wo der Gebrauch häufig war, nur Korallen- und Paternoster-Schnuren, Brustkreuze, und andere kleine Sachen daraus verfertigt worden. In der bekannten Stelle des Hesiodus, worin Electrum unter den Zierrathen eines Schildes genannt wird 4), ist ebenfalls nur ein Mineral dem Zusammenhange angemessen. Es wird nämlich die Einfassung desselben beschrieben, und darin Electrum unmittelbar neben Elfenbein und Titanos gestellt. Die Bedeutung dieses dritten wirft Licht auf jenes erste. Kalk und Gyps ist zwar die gemeine, aber spätere; was bei Hesiodus unter Titanos zu verstehn sei, ergiebt sich aus der Vergleichung einer Stelle des Pausanias 5) mit einer verwandten bei Strabo 6). In beiden kömmt die Rede auf den bekannten steinernen Sitz im Tempel zu Delphi, den dafür ausgegebnen Mittelpunkt oder sogenannten Nabel des Erdkreises. Pausanias giebt an, der Sitz sei aus einem weißen

4) Scut. Herc. 141. 142.

5) X. 16. §. 2.

6) IX. 642. 643.

Steine verfertigt gewesen. Wenn nun derselbe von Strabo τεταινιωμένος genannt wird, so ist dies, nach Schneiders treffender Vermuthung 7), verschrieben, statt τιτανωμένος: auf den Grund welcher Verbesserung auch in jener Hesiodischen Stelle Titanos auf einen Stein gedeutet werden darf. Zu beiden harten Körpern aber, dem Elfenbein und dem Stein, paßt auf dem als unzerstörbar beschriebenen Schilde Bernstein offenbar nicht als dritter. Am wenigsten können in einen aus getäfelter Arbeit bestehenden Fußtritt, worauf eine Frau von vornehmer Geburt am Weberstuhle gestanden [8]), Stücke von diesem zerbrechlichen Stoffe eingelegt gewesen seyn.

Zu diesen Gründen, aus welchen das Electrum jener beiden Dichter nicht auf den Bernstein gedeutet werden kann, sondern ein Mineralkörper gewesen seyn muß, kömmt noch ein erheblicher Umstand. Von jeher ist das genannte Baumharz nur an der Südküste des Baltischen Meeres, zu beiden Seiten der Weichsel, gefunden, und von den Griechen, seitdem sie es kennen gelernt, und den Namen Electrum darauf übergetragen haben, in diese Gegend gesetzt worden; nur fällt die erste Kunde in eine dunkle Zeit; wo die Sage noch freien Spielraum hatte, insonderheit die Thränen der Heliaden

---

7) Griechisch-Deutsches Wörterbuch, v. τίτανος.

8) Eiresione: Homeri epigr. XV. 9.

hervorbrachte. Von der Angabe, daß diese schon dem Hesiodus bekannt gewesen 9), ist kein Gebrauch zu machen, nicht nur, weil sie auf einer eben so unzuverlässigen, als späten Ueberlieferung beruht, sondern auch, weil überhaupt die Verhandlungen über die Bewandtniß der einzelnen, diesem Dichter beigelegten Werke bei weitem noch nicht geschlossen sind. Aeschylus und Sophokles [10]), auch Euripides [11]), haben das vegetabilische, oder das Electrum der spätern Bedeutung, gekannt; Theophrast erwähnt schon dessen anziehende Kraft [12]). Ueber die Heimath am Ufer des äußersten Nordmeeres, worauf es hier nur ankömmt, sind die unterrichteten Schriftsteller des Alterthums einig [13]). Welcher Umweg auch in dem Handel damit aus Preußen nach Griechenland genommen worden: über Lydien kann er doch nicht

---

9) Hygin. fab. 154.
   Conf. Pausan. I. 3. §. 1.

10) Plin. XXXVII. 2.

11) Hippolyt. 732 (745).
   Hesych. v. ἤλεκτρος.

12) Hist. plant. IX. 18 (vulgo 19) §. 2.

13) Herodot. III. 115.
   Diodor. V. 23.
   Plin. XXXVII. 3: „Certum est, gigni (electrum) in „insulis septentrionalis oceani, et a Germanis appellari „*glessum*.“
   Tac. Germ. 45: „succinum, quod ipsi *glesum* vocant, „inter vada atque in ipso litore legunt“

gegangen seyn. Nun hat aber das „Electrum von „Sardes [14])“ hohen Werth gehabt. Hier leuchtet ein, daß nicht die spätere Bedeutung gemeint seyn könne, sondern der Dichter die frühere im Sinne gehabt habe.

Welcher Mineralkörper aber für das Electrum in der ursprünglichen Bedeutung zu halten sei: zu dieser Frage muß nun die Untersuchung vorschreiten. Man könnte versucht seyn, eine dritte, doch sehr spät und nicht oft vorkommende Bedeutung auf die früheste Zeit überzutragen, wonach eine besondere Mischung von Gold und Silber, zu Bildnissen gebraucht, ebenfalls Electrum genannt [15]), und daher mit Metallen zusammen gestellt wird [16]). Die gewöhnliche Mischung der Bestandtheile waren vier Fünftheile Gold, und ein Fünftheil Silber [17]): was nach heutiger Bestimmungsweise ungefähr neunzehnkarätiges Gold mit weißer Legirung wäre. Es könnte aber mit nichts gerechtfertigt werden, die in sehr später Zeit erst willkührlich für ein Mischungsmetall gebrauchte Benennung dem Homerisch-Hesiodischen Electrum aufzudringen.

---

14) Sophocl. Antig. 1037—1039 (1019—1021).

15) Pausan. V. 12. §. 5. 6.

16) Id. VIII. 18. §. 2.
Conf. Strabo III. 217.

17) Plin. XXXIII. 4 sub fin.

Drei goldgelbe, edle Stoffe sind es, die überhaupt mit diesem Namen belegt worden. Der dritte, die eben erörterte Mischung der beiden edeln Metalle, ist beseitigt. Von dem zweiten, dem Bernstein, dessen Entstehungsart und Wesen keiner Ausführung bedürfen, wird das Geographische unten, am gehörigen Orte, folgen. Daß mit dem ersten, dem ursprünglichen Electrum, ein Edelstein gemeint sei, dies wahrscheinlich zu machen, ist nun die nächste Aufgabe. Zuvörderst der Beweis, daß überhaupt ein Stein darunter verstanden worden, und schon im Alterthum Sachkundige ein Skythisches, mineralisches und Gebirgs- von dem Keltischen, vegetabilischen und Küsten-Electrum wohl zu unterscheiden gewußt haben. Das letztere berührt Dionysius freilich nicht ohne die gewöhnliche mythische Verbrämung [18]; ein Verdienst desselben ist es aber, daß er das erstere deutlich genug als einen Stein bezeichnet, theils durch die Angabe, es werde in dem nördlich von der Mäotis streichenden Gebirge gewonnen, theils dadurch, daß er etwas östlicher daneben den blinkenden Adamas setzt, welcher in diesem Zusammenhange nur auf einen edeln Stein gedeutet werden kann [19]). Es müssen noch bei andern Griechischen Schriftstellern, deren Werke nicht mehr

18) Dionys. Perieg. 288 seqq.

19) Id. 315—319.

vorhanden sind, Spuren von dem vorgekommen seyn, was man im heroischen Zeitalter unter Electrum verstanden habe; denn sowohl der Scholiast des Dionysius [20]), als Eustathius [21]), machen aufmerksam auf die Unterscheidung, und Eustathius erklärt das (ursprüngliche) Electrum ausdrücklich für einen Stein.

Zur Begründung dieser aufgestellten Beschaffenheit ist zuvörderst Folgendes nicht unwichtig. Wie sich unter einem noch wenig gebildeten Volke Reichthum und Hoffart auf ungemessene, grob verschwenderische Weise auslassen, so hatte unter den vornehmen und begüterten Griechen der frühern Zeit die rohe Prachtliebe unter andern eine Richtung auf die Füße der Ruhebetten genommen, und diesen eine eigenthümliche Verzierung gegeben. Zweierlei Kostbarkeiten waren darin eingefugt, so zu sagen eingeäugt, die eine Anthrakes genannt, die andere Electrae [22]). Sind mit den ersten, was nicht zu bezweifeln ist, dunkelrothe Edelsteine gemeint, so liegt nahe, die zweiten, als Seitenstücke, für hellgelbe zu halten, zumal wenn man das oben bereits angeführte Sardische Electrum damit in Verbindung

---

20) Ed. Bernhardy p. 344.

21) Ibid. 148.

22) Schol. Aristoph. Eqq. 529 (532).
Suid. vv. ἤλεκτρα et ὠφθαλμισμένους.
Schneider, Wörterbuch, unter ὀφθαλμίζομαι.
Buttmann a. a. O. S. 348.

bringt. Eine besondere Beachtung nämlich verdienen der unter dem Namen Sard bekannte, edle Stein, und der Umstand, daß, außer dem einfach so benannten, zu einigen andern der Name beigesetzt wird, als Sard-Achat 23), Sard-Onyx 24). Nicht als müßten die Steinbrüche, woraus dieselben gekommen, sämmtlich in Lydien gewesen seyn, sondern Sard ist dann ein bloßer Beiname, davon hergenommen, daß Sardes der vorzüglichste Sitz geschickter Schleiffer und Bearbeiter dieser Gemmen gewesen ist. Auf eine darunter, deren Grundfarbe gelb ist, richtet nun die Untersuchung ihr Augenmerk. Ohne Veranlassung, auf bloßem Zufall beruhend, kann es nicht seyn, daß in der Waarenkunde des Mittelalters der Preußische Bernstein die Benennung Agtstein, von Achat, geführt hat. Wie von der Eigenschaft des Schimmerns Electrum, so hat derselbe also von der gelben Farbe Achat (Achates pellis leoninae) geheißen, eine aus der frühesten Zeit stammende Benennung. Daß aber nicht nur der wahre Achat, sondern überhaupt die Edelsteine, ihres Schimmerns wegen, für das Homerisch-Hesiodische Electrum zu halten sind, dafür sprechen folgende Umstände. Einmal ist es bezeichnend, daß bei Homer, der doch die

23) Plin. XXXVII. 10.
24) Ibid. c. 6 et 7 sub fin.

Prachtliebe der Großen so vollständig schildert, und in allen ihren Richtungen darstellt, keine Edelsteine vorkommen[25]), weder unter diesem allgemeinen, noch unter den in den folgenden Zeitaltern gebräuchlichen, einzelnen Namen. Dann liegt für die hier vorgetragene Meinung auch darin eine Bestätigung, daß die Halsgeschmeide nach seiner Beschreibung mit Electren, in der Mehrzahl, besetzt gewesen[26]). Endlich findet sich auch bei Hesiodus kein Name von Edelsteinen. Denn Adamas bedeutet bei ihm, wie bei den meisten spätern Dichtern, blos überhaupt einen harten, undurchdringlichen Mineralkörper, meistentheils Stahl[27]): wonach unter andern Schneidewerkzeuge[28]), Waffen[29]), Handgriffe an Spießen[30]), der Pflug[31]), als daraus bestehend vorkommen, und in bildlichem Sinne Gemüther von Adamas genannt werden[32]). . Nur Dionysius, dem es mehr auf geographische Belehrung, als auf alterthümliche, dichterische Ausdrücke ankömmt, versteht unter Adamas

---

25) Pinder de adamante p. 23.

26) Odyss. XV. 459. XVIII. 295.
Vergl. S. 64. N. 2.

27) Hesych. v. ἀδάμας. „γένος σιδήρου."

28) Hesiod. Theog. 188. 261. 262.

29) Scut. Herc. 137. 231.

30) Apoll. Rhod. III. 1324.

31) Id. III. 232. 1284.

32) Id. II. 231.
Hesiodi opp. et dd. 147. Theog. 239.

bestimmt einen Stein[33]). Ausdrücklich nennt ihn so ein noch in den Umfang des Alterthums gehörender, wohl unterrichteter Schriftsteller, in seiner Uebersicht des Pontischen Nordens, an derselben Stelle, wo Dionysius[34]).

Sichtbar geräth Virgilius ins Gedränge, wo er, bekannt mit der Natur des Bernsteins, nicht Unsinniges sagen, und doch seinem Meister getreu, den Ausdruck „Electrum" anbringen, überhaupt den Vortrag mit Alterthümlichem und Sagenhaftem färben will. Ein Mal findet er in dem oben erwähnten, zusammengesetzten Metall einen Ausweg für die Waffen, die er von Eisen oder geschmolzenem Electrum verfertigen läßt[35]). Bei einer andern Stelle, wenn er deren Verfasser ist, hat ihm zwar überhaupt eine Homerische[36]) vorgeschwebt: „mich reizen nicht „im königlich=väterlichen Hause der Korallenprunk „und das thränende Electrum[37])," eigentlich aber ist es dabei abgesehn auf die Sage von den Heliaden, ohne Rücksicht auf jenes Mischungsmetall.

Es ist noch übrig, die Handelswege aufzusuchen, auf welchen sowohl das ursprüngliche, als

---

33) Oben S. 69. N. 19.

34) Ammian. Marcell. XXII. 8, post med. Conf. Pinder. l. l. p. 59. 60.

35) Aen. VIII. 402.

36) Odyss. IV. 73.

37) Ciris 433. 434.

das spätere Electrum nach Griechenland gebracht worden.

In der Voraussetzung, daß man jenes für unser Edelgestein, unter andern für den ins Gelbe spielenden Sardischen Achat, halten dürfe, giebt sich der Weg von selbst zu erkennen. Indien und einige andere Länder von Asien besonders Arabien, waren und sind noch die Heimath vieler Edelsteine. Aramäische Karavanen haben sie nach Tyrus gebracht [38]; hier, und in Sardes, wurden sie bearbeitet, und so von den Phönikern an die Griechen verkauft.

Der Weg, den der Bernstein aus Preußen nach Griechenland genommen hat, muß durch eine geographische Angabe, betreffend das Vaterland dieses Handelsgegenstandes, eingeleitet werden; doch mit Vermeidung eines Feldes von Untersuchungen, aus dem man ohne Ergebnisse zurückkömmt. Nur also das Wesentliche vom Eridanus, dessen Erwähnung frühzeitig vorkömmt [39]. Der Dunkelheit und der sonderbaren Verwirrung wegen, die in Ansehung desselben obgewaltet, haben einige Schriftsteller den Knoten zerhauen, und sein Daseyn weggeleugnet [40].

38) Ezech. XXVII 16.

39) Batrachomyom. 20.
Pherecyd. (Lerius) ap. Hygin. fab. 154.

40) Polyb. II. 16.
Strabo V. 329.
Eustath. ad Dionys. Perieg. 288.

Herodot erklärt ihn für die Erfindung eines Dichters[41]), was er damit zu belegen meint, daß der Name nicht ausländisch, sondern Griechisch sei. Er konnte nicht erwägen, daß Dan ein allgemeines, uraltes Wurzelwort ist, zur Bezeichnung von Gewässer überhaupt. Beispiele sind: Danaus, der Bewässerer von Argos[42]), Urheber der Cisternen[43]); Dardanus, durch große Wassersnoth aus Arkadien vertrieben[44]); die Flüsse Eridanus in Attika[45]), Rhodanus, Jordänes[46]), Tanais oder Don, Donez, Donau, Düna. — Hieran reihet sich der bekannte Baltische Codänus (wie Rhodănus). Nicht vollkommen genau wird derselbe für einen bloßen Meerbusen gehalten[47]); es ist darunter überhaupt das Baltische Meer zu verstehn, worauf sich auch der Landesname Dan-Mark bezieht. Von Codănus ist Gedănum gebildet,

---

41) Herodot. III. 115.

42) Hesiodi fragm. ap. Eustath. ad Il. IV. 171. Lips. T. I. p. 368. — Basil. 351. Romae 461.
Conf. Strabo VIII. 570.

43) Plin. VII. 56.

44) Dionys. Hal. I. 61.

45) Pausan. I. 19. §. 6.

46) Pseudo-Tertullian. adv. Marcion l. III. In Tertulliani opp. ed. Rigalt. Luteliae 1641. p. 802 B:
„Jordane percusso, pedibus via facta regressus."

47) Mela III. 3.
Plin. IV. 13.

Gdansk, Danzig, von welcher Handelsstadt, weil sie früher der Stapelplatz des Bernsteins gewesen ist, dieser in den Waarenverzeichnissen des Mittelalters nur Danziger Harz geheißen hat 48). Durch diese Zusammenstellung wird glaublich, daß die dunkeln Nachrichten von einem Nordischen Eridanus auf das seinem Becken und seiner Begrenzung nach nicht bekannte Baltische Gewässer überhaupt zu beziehn, und die Annahme nicht gezwungen sei, daß er mit dem Codanus zusammenfalle. Ebenfalls aus Mangel an geographischer Kenntniß hat man aus dem Küstenlande, wo der Bernstein ausgegraben worden, Inseln gemacht 49).

Daß er von den Küsten der Ostsee den weiten Umweg durch den Sund, um das ganze westliche und südliche Europa, genommen, ist mit keinem irgend zuverlässigen Zeugnisse zu belegen, so wenig, wie daß die Phöniker, wie kühne Seefahrer sie auch waren, sich bis auf die Höhe von Danzig gewagt hätten. Handelsreisen in weit entfernte Gegenden haben in der frühesten Zeit immer zu Lande Statt gefunden. Es tritt hier einer von den Fällen ein, wo es zweckdienlich ist, einen der Zeitfolge entgegengesetzten

---

48) Guicciardini Belgium universum p. 95 seqq.

49) Plin. IV. 16. XXXVII. 3: „Glessariae (insulae), quas „*Electridas* Graeci recentiores appellavere." — „A nostris unam insulam Glessariam appellatam."

Gang einzuschlagen, und die Spuren rückwärts, von der spätern zur frühern Zeit, zu verfolgen. Der Anschritt geschieht hier mit dem vierzehnten und dreizehnten Jahrhundert unsrer Zeitrechnung. Damals war eine Handelsstraße von der Weichsel an die Donau im Gange, die von Thorn über das an diesem Strome liegende Wladislav, dann über Gnesen und Posen lief, von da weiter über Breslau und Benschin im Fürstenthum Jägerndorf, endlich durch die Jablunka und über Kubin im nordwestlichen Ungarn nach Trenschin an der Ober-Waag [50]. Hier endete die Landfracht; den fernern Weg nahmen die Güter diesen Fluß hinab, und an der Donau hinauf. Mehr als sieben hundert Jahre früher, kömmt davon schon eine Spur zu Tage, während der Herrschaft des mächtigen Ostgothischen Theodorich, zu dessen umfassendem Reiche die angeführte Donau-Gegend in Pannonien gehörte. In der Absicht, Schutz und Handelsfreiheiten in seinem Gebiete nachzusuchen, kamen Aestier oder Hästier, welches der alte, den damals Germanischen Bewohnern der Bernsteinküste beigelegte Name ist [51]), an sein Hoflager, und machten ihm ein Geschenk mit dem eigenthümlichen Erzeugniß ihres Landes [52]). Um fünftehalb Jahrhunderte

---

50) Städtewesen des Mittelalters I. 185. 342.

51) Tac. Germ. 45.

52) Cassiodor. variar. l. V. ep. 2: „in oceani littoribus con-

weiter zurück, im Römischen Zeitalter, muß der beschriebene Waarenzug schon bestanden haben, und Carnuntum, an der Donau in Pannonien, zwischen dem heutigen Preßburg und Wien, der Stapel- und Tausch-Platz gewesen seyn, bis wohin jene Landesbewohner gekommen sind; dies ist nicht nur daraus zu folgern, daß die Länge des Wegs von diesem Orte bis an den Strand des Baltischen Meeres bekannt war [53]), sondern es wird auch ausdrücklich berichtet, daß Baltische Handelsleute den Bernstein nach Pannonien gebracht haben [54]). In den Altpreußischen Ueberlieferungen hat sich die Kunde erhalten, daß solcher in der Römischen Zeit, auf Pferden, durch Pannonien nach Italien gebracht worden [55]).

Dahin war nämlich die Verlängerung des Waarenzugs gerichtet. Den bezeichneten Tauschplatz in Pannonien besuchten Venetische Handelsleute; durch sie kam der Bernstein auf der großen Straße durch das heutige Oestreich unter der Ens, Steiermark

„stituti, — inter tot gentes viam praesumere, non est „aliquid facile concupiisse. — Indicamus, *succina*, quae „a vobis per portitores directa sunt, grato animo fuisse „suscepta. — Requirite nos saepius per vias, quas amor „vester aperuit."

53) Plin. XXXVII. 3.

54) Ibid.: „affertur (succinum) *a Germanis in Pannoniam.*"

55) Simon Grunau Tract. I. c. 5. fol. 23. B.

und Krain, in ihre Heimath, die nordöstlichen Küstenländer des Adriatischen Meeres[56]). So weit läßt sich die Handelsstraße ohne sonderliche Schwierigkeiten verfolgen; von einer Fortsetzung aber bis nach Griechenland ist fast keine Spur zu entdecken. Nur eine vereinzelte läßt sich in einem sonderbaren, sie umgebenden Gewirr von mißverstandnen, verhörten, auf geographischer Unkunde beruhenden Nachrichten noch erkennen[57]). Eine Anhöhe in der nicht weit von der Küste entlegenen Illyrischen Landschaft Liburnien war in sehr alter Zeit der Mittelpunkt für die Zusammenkünfte Adriatischer (Venetischer) Handelsleute mit Kerkyräischen, worin diese ihr bekanntes künstliches Geschirr an jene absetzten. Dies ist von jenen verworrenen Nachrichten die einzige brauchbare. Was berechtigt aber, unter den Waaren, welche die Kerkyräer von den Bewohnern der nordöstlichen Küste ihres großen Meerbusens eingetauscht haben, Bernstein anzunehmen? Hier kömmt ein bemerkenswerthes Beispiel zu Statten, wie zuweilen selbst der Irrthum auf den Weg zur Wahrheit führen kann: die grobe, der ältesten Zeit zur Last

---

56) Plin. I 1: „inde (e Pannonia) Veneti, proximi Pannoniae, id (succinum) accipientes, circa mare Adriaticum."

57) Pseudo-Aristot de mirabil. auscult. N. CXI, et ibi Beckmann.

Conf. Plin. III. 21.

fallende Verwechselung der Küste, wo der Bernstein einheimisch war, mit derjenigen, von welcher er, zur weitern Beförderung nach Griechenland, abgeholt wurde. Durch die Baltisch-Nordischen Fremden, welche die in Rede stehende Waare nach Pannonien brachten, hatten die Veneter und Adriaten, welche dieselbe in Empfang nahmen, etwas vom Eridanus oder Codanus erfahren, an dessen Küste sie gefunden würde; aber wenig bekümmert um geographische Genauigkeit, hatten schon sie aus der See einen Strom gemacht. Die Seehändler, die den Bernstein von Kerkyra zu den Griechen führten, mögen es Phokäer oder Taphier, am wahrscheinlichsten wohl Phöniker, gewesen seyn, hörten auf dieser Insel obenhin einiges den Bernsteinhandel Betreffende, und wurden Urheber der absonderlichen Verwirrung. Was ihnen von der Baltischen Küste erzählt worden, verstanden sie von der Adriatischen, woher es denn kam, daß theils die vermeintlichen Bernstein-Inseln an die letztere versetzt wurden [58]), theils der Eridanus, da dies ein Mal ein Fluß seyn mußte, und kein andrer bedeutender, in das Adriatische Meer sich ergießender zu finden war, als der Padus, endlich auf diesen überging [59]).

58) Pseudo-Aristot. N. LXXXII.: „ἐν ταῖς ἠλεκτρίσι νήσοις, „αἳ κεῖνται ἐν τῷ μυχῷ τοῦ Ἀδρίου“

59) Diodor. V. 23: „τοῦ νῦν Πάδου καλουμένου ποταμοῦ, τὸ „δὲ παλαιὸν Ἠριδανοῦ προσαγορευομένου.“

Mit manchen andern Irrthümern haben die Römer auch diesen von den Griechen angenommen, doch ist er von Unterrichteten als solcher erkannt worden[60]. Der aus ihm zu ziehende Gewinn aber ist die Erkenntniß, daß der Bernstein zu den Griechen über das Adriatische Meer gekommen ist.

In so fern es wahrscheinlich ebenfalls Phöniker gewesen sind, von welchen Griechenland zuerst mit Stahlwaaren versorgt worden, ist diesen füglich ihre Stelle unmittelbar nach dem ältern und neuern Electrum anzuweisen. Die Kunst, das Eisen dadurch zu härten, daß man es glüht, und im Wasser abkühlt, ist frühzeitig bekannt gewesen[61], und für ihren ältesten Sitz ist Klein-Asien zu halten. Denn wenn es auch spätere Schriftsteller sind, die des Stahls, oder des Chalybischen, das ist gehärteten, Eisens gewisser Länder und Städte desselben gedenken, als des Lydischen, Amisischen, Sinopischen[62], so haben sie doch ihre

Auch bei Hesiod. Theog. 338 ist dieser mißverstandne Eridanus gemeint.

60) Plin. XXXVII. 2 post med.: „Electridas insulas in mari „Adriatico esse dixerunt, ad quas dilaberetur Padus: „qua appellatione nullas unquam ibi fuisse certum est."

61) Odyss. IX. 391—393.

62) Pseudo-Aristot. l. l. N. XLIX, et ibi Beckmann p. 95. Steph. Byz. v. Λακεδαίμων.

Nachrichten aus frühern geschöpft. Als Eisenschmidte, Stahlbereiter und Schwertfeger treten in Klein-Asien die Chalybes auf, ein Name, von dem, bei aller Verschiedenheit der darüber vorgetragenen Meinungen, doch so viel unverkennbar ist, daß er mit dem Geschäft in genauer Verbindung steht. Daß Aeschylus diese Werkleute über Klein-Asien hinaus, an den Kaukasus, rückt [63]), entscheidet für die Wohnstelle nichts: sie sind an den dortigen Felsen dem Dichter Bedürfniß. Geschichtlich aber begründet ist einer von ihren Sitzen in der Gegend zwischen dem Polemonischen und Kappadokischen Pontus, an dem kleinen Flusse Thermodon, der in das Meer fällt, östlich von Amisus und dem Nieder-Iris, und von da südlich hinauf. Mit Bestimmtheit werden die Bewohner dieser Gegend Chalybes genannt, und als tüchtige Hüttenleute und Eisenschmidte geschildert [64]). Daß die ihnen beigelegte Benennung von dem Metall hergenommen sei, das sie bereitet, sie also ganz

---

63) Prometh. vinct. 301. 717. 718. (714. 715). Sept. ante Theb. 722 (713).

64) Xenoph. Anabas. V. 5. §. 1.
Scymnus Chius 201 : Huds. II. 55.
Eudoxus ap. Steph. Byz. v. Χάλυβες.
Ephorus ap. Strab. XIV. 997. B.
Scylax: Huds. 33. Klausen 214.
Dionys. Perieg. 768 — 774.
Ammian. Marcell. XXII. 8. med.

angemessen Stähler heißen können (nach ähnlicher Wortbildung, wie Zähler, Wähler, Quäler), ergiebt sich aus Folgendem. Eine Gegend im nordwestlichen Hispanien hatte erhebliche Stahlhütten: davon hießen der Fluß, worin das glühend gemachte Eisen abgekühlt wurde, Chalybs, und die Hüttenleute Chalybes[65]). So leuchtet ein, daß dieses keinesweges ein eigenthümlicher Volksname gewesen sei, wovon das Metall benannt worden, sondern vielmehr umgekehrt letzteres so geheißen hat, und die Benennung auf die Bearbeiter übergegangen ist. Diese Veranlassung des Namens Chalybes ist selbst da vorauszusetzen, wo ihres Gewerbes nicht Erwähnung geschieht, wie im westlichen Klein-Asien bei einer Völkerschaft, die ihren Sitz neben den Bithynischen Mariandynen und den Paphlagoniern hatte[66]), und eben so im östlichsten, bei einer neben Armenien, oder schon auf dessen Grunde und Boden[67]). Die Gegend, in welche diese so genannten Armenischen Chalybes gesetzt werden, trifft zusammen mit dem Lande Thogarma oder Thorgama[68]), mit dem wieder jene nordische Gegend als einerlei erscheint, deren Reichthum an Metallen, als an Eisen, Kupfer,

65) Justin. XLIV. 3.

66) Herodot. I. 28.

67) Xenoph. Anabas. IV. c 5. §. 34 et c. 7. §. 15.

68) Ezech. XXVII. 14. XXXVIII. 6.

Gold und Silber, gepriesen wird 69). Auf der großen, unten *) zu entwerfenden Handelsstraße vom obern Euphrat herüber haben Karavanen Armenische und Kaukasische Natur- und Kunst-Erzeugnisse nach Tyrus geführt 70).

Den Schönfärbereien dieser Welthandelsstadt gebührt in dem vorliegenden geschichtlichen Versuche die dritte Stelle, sowohl wegen der Vorzüglichkeit der Arbeit, als wegen deren weiter Verbreitung 71). Des Zusammenhanges und der Uebersicht wegen ist hiermit überhaupt eine Ausführung über die gefärbten, feinen Wollenzeuge zu verbinden, die in jener Zeit so starken Absatz gefunden haben, da sich die geschmacklose Eitelkeit der Reichen eines Volks auf niederer Stufe der Bildung unter andern in schreienden Farben gefällt. Purpurroth, veilchenblau, hellgelb, waren bei den frühern Griechen, wie bei den Morgenländern, die Prachtgewänder, Vorhänge, Teppiche und andere Decken. Aus Phönikischen und Jonischen Färbereien, vorzüglich

69) Jerem. XV. 12.
Ezech. XXVII. 13.
Strabo I. 77. XI. 763. 802. A.
Plin. XXXIII. 3 post med.

*) S. 90. ff.

70) Ezech. XXVII. 13.

71) Strabo XVI. 1098.

aus denen, zu Tyrus und Miletus, sind zu allen Zeiten die besten von diesen in der Wolle gefärbten, zu verschiednem Gebrauche bestimmten Stoffen hervorgegangen. In einem gewissen Rufe haben jedoch auch die Phrygischen gestanden [72]. Die Wolle ist den Phönikern von Aramäischen und Arabischen Hirtenvölkern geliefert worden [73], deren Schafzucht berühmt war [74], zum Theil aber unstreitig auch von ihnen aus dem an feiner Wolle reichen Hispanien [75]) eingeführt. Die Milesische, von deren Vortrefflichkeit viel die Rede ist [76], kam aus den Schäfereien der umliegenden Gegend [77]. Die namhaftesten Völker der frühern Zeit, Meder [78], Perser [79], Israeliten [80], Griechen [81], haben diesen schöngefärbten,

---

72) Aristoph. Avv. 493.
73) Ezech. XXVII. 18. 21.
74) Hiob. I. 3. 16. XXXI. 20.
   Herodot. III. 113.
75) Strabo III. 213.
76) Id. XII. 867.
   Virgil. Georg. III. 306. 307.
   Plin. VIII. 48.
   Tzetz. Chil. X. 348.
   Cic. Verr. I. 34.
77) Athen. XII. 9. p. 540. D.
78) Xenoph. Cyrop. VIII. 3. §. 3.
79) Menander ap. Athen. XI. 10.
80) Exod. XXV. 4. XXVI. 1. 31. XXVII. 16. XXXIX. 1. 2.
81) Il. IX. 200. XXIV. 644. 645. 796.
   Conf. VI. 289. 290.
   Odyss. IV. 297. 298. X. 352. 353. XX. 150. 151.

feinen, weichen Wollenzeugen hohen Werth beigelegt. Doch waren die Jonischen [82]), besonders die Milesischen [83]), als die Tracht üppiger Lüstlinge, verrufen, weshalb sie die Gesetzgebung des Zaleukus nur solchen, so wie den Ehebrechern, erlaubt, unbescholtnen Männern aber untersagt haben soll [84]).

Die Färbestoffe bestanden großentheils aus Pflanzen. Zu dem Roth in seinen verschiednen Schattirungen, der bei weitem am meisten beliebten Farbe, dienten zuvörderst die Blüthen der wilden Granat-Aepfel, Balaustium, die besonders häufig auf Samus gesammelt wurden [85]); dann die Hyakinthe, von ihrer purpurähnlichen Blüthe auch Porphyranthes genannt [86]), womit gewisse Stoffe gefärbt waren, die zur Erhöhung der Pracht bei dem Gottesdienste der Israeliten beitragen sollten [87]); endlich die Scharlachberen aus Lusitanien, Hispanien, Attika [88]), und die

82) Athen. XII. 5. p. 525.

83) Aristoph. Ran. 549. Lysistr. 730. Athen. XII. 3. p 519.

84) Diodor. XII. 21.

85) Dioscor. I. 154. Plin. XIII. 19.

86) Dioscor. IV. 63. Plin. XXI. 26.

87) Exod. XXVI. 1. 4. 31. XXVII. 16. XXXIX. 1. 2. Numer. IV. 6.

88) Strabo III. 212. Plin. IX. 41. XVI. 8. XXIV. 4.

Färberröthe [89]). Unter allen Farben aber stand am höchsten die nicht vegetabilische, mit dem sehr unbestimmten Namen Purpur bezeichnete. Roth war davon ebenfalls die Grundfarbe, daher: „purpurnes „Blut [90]),“ und bei einer Bedrohung mit blutigen Schlägen der Zuruf: „daß ich dich nicht mit Sar„discher Farbe tünche [91])!“ Es war aber dieser Farbe ein eigenthümlicher Glanz gegeben, vermöge dessen sie mannichfach schillerte, und in andere hinüber spielte, in das Weiße, Bläuliche, Braune, Schwärzliche [92]). Je nachdem sie vorherrschend in die eine oder die andere überging, nannte man sie gewöhnlich nach dieser; daher die Ausdrücke „purpurne Schwäne [93]), das purpurne (bläuliche) „Meer [94]).“

Bekanntlich ist der Stoff zu dieser Farbe von gewissen Schnecken zweier Arten genommen worden, einer größern, Porphyra, Purpura, die im Meere durch Lockspeise in Fischreusen gefangen wurde, und einer kleinern, Buccinum, die man von Felsen

89) Dioscor. III. 150 (160).

90) Il. XVII. 360. 361.

91) Aristoph. Acharn. 112; conf. 320.

92) Theophrast. de color. ed. Schneid. p. 886. 889.

93) Horat. carm. IV. 1. v. 10.

94) Il. XVI. 391. XXI. 326.
Cic. Acad. quaest. II. 33.

und Klippen am Strande sammelte[95]. Sie fanden sich im ganzen sowohl östlichen, als westlichen Theile des mittelländischen Meeres, und im Aegäischen: an den Troischen Vorgebirgen Sigeum und Lectum, an der Karischen Küste, im Euripus[96], von vorzüglicher Güte aber an der Küste von Lakedämon[97]. Außer den Färbereien in diesem Lande, und den berühmtesten von allen, den Phönikischen, werden auch Sardische[98] und Kretische[99] erwähnt. Daß die Purpurstoffe überall in hohem Preise standen, kam daher, weil von jedem dieser Schalenthiere nur ein sehr kleiner Theil zu brauchen war, nämlich die sogenannte Blume, oder der Saft, der aus einer im Schlunde befindlichen Blase ausgedrückt wurde[100], weil also zu einem Stücke Zeug von mäßiger Größe eine ziemliche Menge erfoderlich war. Ueberdies gehörte eine sehr geschickte Behandlung dazu, um durch Ausbreiten des Zeugs an der Luft und im

---

95) Plin. IX. 36. 37: „capiuntur purpurae nassis in alto jactis; „inest iis esca."

96) Aristot. hist. animal. V. 15.

97) Pausan. III. 21. §. 6.
Plin. IX. 36. XXI. 8.

98) Aristoph. l. l. et ibi Schol.
Athen. III. 11.

99) Herodot. IV. 151.

100) Aristot. l. l.: „ἀνὰ μέσον τῆς μήκωνος καὶ τοῦ τρα-„χήλου."

Sonnenschein nicht nur die Grundfarbe hervorzubringen, sondern derselben auch durch geschickte Zurichtung den wechselnden Schimmer zu geben [101]).

Die Aufzählung der übrigen Waaren, welche die Phöniker den Griechen zugeführt haben, geschieht am bequemsten nach den Ländern, aus denen sie unmittel- oder mittelbar bezogen worden. Der Anfang ist mit solchen zu machen, die aus den Phönikischen Kunstwerkstätten selbst hervorgegangen sind. Das feine Silbergeräth von Sidon [102]) läßt vermuthen, daß auch die Kleinodien und das Geschmeide [103]), die elfenbeinernen Platten, womit die Wände bekleidet worden [104]), die Sessel [105]), überhaupt die oft vorkommenden Arbeiten und Zierrathen von Elfenbein [106]), Hervorbringungen des Kunstfleißes der

101) Vergl. J. G. Schneiders Abhandlung über die Purpurfärberei der Spanier in Südamerika. Als Anmerkung zu Ulloa Nachrichten vom südlichen und nordöstlichen Amerika. Aus dem Spanischen übersetzt von J. A. Dieze. Zweiter Theil. S. 377 ff. (Schneider ist als Verfasser angegeben S. 201).

102) Il. XXIII. 743.

103) Odyss. XV. 459. XVIII. 295.

104) Psalm. XLV. 9.

105) I. Regg. X. 18; conf. Ezech. XXVII. 6.

106) Odyss. IV. 73. VIII. 404. XIX. 56. Hesiod. scut. Herc. 141.

Phöniker gewesen sind. Das Elfenbein wurde aus Aethiopien und Libyen, insonderheit von Kerne, mitgebracht, wovon unten *). Eben daher kamen die Gazellenhörner, woraus die Künstler des Welthandelsvolks Griffe für Saiten-Tonwerkzeuge arbeiteten [107]. Zu den Sachen von Glas, die seit früher Zeit verfertigt worden, fand sich der geeignete Sand im südlichen Theile des kleinen Gebiets, am Fuße des Gebirgs Karmel [108]; die Vergleichung aber dieser Glaswaaren mit geschnittenen, zu Siegelringen gebrauchten, edlen Steinen [109] führt darauf, daß es nicht Fensterscheiben, sondern Geräthschaften, namentlich Becher [110], gewesen sind, was in den Glashütten gemacht worden.

Eine der längsten und ältesten Karavanenstraßen hatte ihre umfassenden Anfänge in dem innern und obern Asien, in Baktrien, Ober-Persien, Medien, Armenien, Assyrien; dieselben vereinigten sich an zweien Orten in Ober-Mesopotamien, bei Karrhä [111],

---

*) S. 109.

107) Herodot. IV. 192.
Athen. XIV. 4. p. 637 B.

108) Strabo XVI. 1099.
Plin. XXXVI. 26.

109) Theophrast. de lapid ed. Schneid. p. 694.

110) Aristoph. Acharn. 74.

111) Plin. XII. 17 sub fin.
Steph. Byz. h. v.

und etwas westlicher bei Anthemusia [112]). Eben so geschah der Uebergang über den Euphrat an zweien Stellen: bei dem letztgenannten Orte [113]), Statt dessen aber gewöhnlich ein unmittelbar an der Ueberfahrt liegender, und davon benannter Ort Zeugma angegeben wird [114]); und weiter unten Thapsakus [115]), das Hebräische Thiphsach, was ebenfalls Furt bedeutet, Trajectus, im Deutschen verderbt Trecht oder Tricht, als Utrecht (Ultrajectum), Dor-trecht, Maastricht. Nach Thapsakus, bis wohin sich, nicht ohne Absicht, die Eroberungen Davids erstreckt haben [116]), nahm auch ein aus Indien, über den Persischen Meerbusen laufender Waarenzug seine Richtung, und zwar so, daß man die Güter entweder den Euphrat herauf bis dahin führte, oder vorzog, sie schon in Babykon auszuladen, und, zur Vermeidung der beschwerlichen Fahrt stromaufwärts, zu Lande weiter zu befördern [117]). — Zwischen den genannten Stapelplätzen in Mesopatamien und am Euphrat, und den Phönikischen Städten, hauptsächlich Tyrus,

---

112) Strabo XVI. 1084. B.

113) Ibid.

114) Ibid. p. 1083. A.

115) Ibid. p. 1082. C. et 1083. B.

116) I. Regg. IV. 24.

117) Agatharchides ap. Huds. I. 57. Strabo XVI. 1110. Conf. p. 1084. et II. p. 130. 135. 136.

vermittelten Aramäische Handelsherrn, die hierzu eine Menge von Lastthieren und Knechten unterhielten, und für eigene Rechnung und Gefahr die Güter von jenen Tauschplätzen durch die Syrische Wüste in die Seestädte führten; ein Verkehr, den die Phöniker, wie ihren gesammten Landhandel, nur passiv treiben konnten. Von Thapsakus wandte sich die Karavanenstraße zuerst südlich, auf welchem Zuge die erste Hauptlagerstätte Tadmor war, Griechisch Palmyra [118]), ein wichtiger Handelsplatz, den Salomo im Geiste seines Vaters angelegt hatte [119]). Weiter lief die Straße südwestlich nach Damaskus [120]), und von da nach Tyrus. Nach dem Verfalle desselben ist der Zug eine Zeitlang nach Gabba oder Gaba gegangen, einem Ankerplatze im westlichen Palästina, in der Nähe des Meerbusens und Hafens von Ptolemais oder Akko [121]). Die Natur der Steppenländer bringt mit sich, daß die Straßen durch dieselben an gewisse Richtungen gebunden sind, daß sie also nothwendig immer dieselben bleiben: daher haben zur Darstellung der hiesigen neben frühern Schriftstellern auch spätere gebraucht werden dürfen, um

118) Plin. V. 25.

119) I Regg. IX. 18.
II Chron. VIII. 4.

120) Ezech. XXVII. 18.

121) Plin. XII. 17 sub fin.
Steph. Byz. h. v.

so mehr, da Strabo und Plinius aus ältern Werken geschöpft haben.

Es läßt sich denken, daß vom Ober-Euphrat, ja vom Ober-Tigris, bis an das mittelländische Meer, die Handelsgüter nicht von einer und derselben Karavane geführt worden sind, sondern daß die genannten Zwischenplätze zum Umsatze gedient haben. Wenn aber hieraus folgt, daß schon die Tyrier aus der dritten oder vierten Hand gekauft, und somit allen Zwischenhändlern ihre Auslagen ersetzt, und den verlangten Gewinn gezahlt haben, wie theuer müssen erst den Griechen diese Waaren zu stehn gekommen seyn, die sie als Verbraucher von den Tyriern kauften! Aber diese Abnehmer waren hoffärtige Reiche, und was auf den Markt kam, bestand großen Theils in Sachen des Aufwandes. Namentlich gehörten dahin Citronen und Pomeranzen, oder sogenannte Persische und Medische Aepfel, die jedoch früher nicht gegessen, sondern des Wohlgeruchs wegen geschätzt, und deren Blätter zwischen die Kleider gelegt wurden, der Saft aber, in Wein genommen, für ein Mittel galt, genossenes Gift abzuführen [122]); ferner wahrscheinlich Reis, den Syrien,

122) Theophrast. hist. plant. IV. 4.
Athen. III. 7 et 8. p. 82—84.
Virgil. Georg. II. 126.
Plin. XV. 28. XXIII. 6.

Babylonien, Persien und Baktrien hervorbrachten [123]); edle Steine, feine Leinwand, Damast (Polymitum), purpurfarbne Kleiderstoffe, schöne Decken [124]). Die letzten sind in den kunstreichen Teppichen der Griechen zu erkennen [125]). Die Persischen Fußdecken mit eingewirkten Thiergestalten [126]) erinnern an jene Ausgeburten einer wilden morgenländischen Einbildungskraft, woran doch auch die Griechen Geschmack gefunden, an die aus zusammengesetzten Thieren bestehenden Zerrbilder, als Bockhirsche, Roßhähne [127]), und andere, die besonders auf Tapeten, doch auch auf Bechern angebracht waren.

Ferner war Tyrus in diesem Zeitraume die einzige Niederlage, aus welcher die Griechen mit den Reichthümern Indiens, Arabiens und der Ostküste von Afrika versorgt wurden. Bei dem Verfolg der Straßen, auf welchen die Arabischen Unternehmer dieses Handels gezogen, sind gewisse Hebräische Dichter die vorzüglichsten Führer; doch dürfen, nach dem oben begründeten Verfahren, einige Griechische

---

123) Theophrast. l. l. 5.
Strabo XV. 1014.

124) Ezech. XXVII. 16. 23. 24. Conf. XVI. 13.

125) Aeschyl. Agamemn. 898 899. 915. 935.

126) Athen. V. 6. p. 197. B.

127) Aristoph. Ran. 935. 986 (968. 969).
Aristot. physic. auscult. IV. 1.
Menander ap. Athen. XI. p. 484 (non 486) et 500.

Schriftsteller zur Bestätigung angeführt werden. Die erste Spur des Waarenzugs tritt hervor in der Südhälfte des westlichen Theils von Arabien. Hier nahm eine lange, von der Natur vorgezeichnete Straße den Anfang, die sich immer in nördlicher Richtung durch Arabien bis nach Syrien erstreckte, und auf der die Waaren weiter und weiter von einer Völkerschaft an die andere abgesetzt worden sind [128]), bis sie zu den Phönikern gelangten, die sie dann mit großem Gewinn verschifften [129]).

Um die Stelle genauer zu bestimmen, wo der Weg den Anfang genommen, kömmt es zuvörderst darauf an, zweien Völkerschaften, die an dem Waarenvertrieb vielen Antheil gehabt, den Sabäern [130]) und Dedaniten [131]), ihre Wohnsitze anzuweisen. Es ist ein Irrthum, wenn sowohl jene an den Persischen Meerbusen, in das Land Oman, gesetzt [132]), als diese in derselben Küstengegend angenommen [133]),

---

128) Strabo XVI. 1124.

129) Agatharch. ap. Huds. p. 65.

130) Jes. LX. 6.
Ezech. XXVII. 22.

131) Id. ibid. 15.

132) Vincent, The commerce and navigat. of the ancients in the Indian ocean. II. 648. 649.
Rosenmüller ad Ezech. XXVII. 22. p. 281.

133) Bochart. Phaleg. l. IV. c. 6. p. 248.
Michaelis spicileg. I. p. 203.
Vincent l. l. p. 643.

und beide als Beförderer der Waaren vom genannten Meerbusen auf den Euphrat, zur Weiterversendung nach Phönikien, vorgestellt werden. Es hat zwar ein solcher Handelsweg bestanden *), nicht aber die Sabäer und Dedaniten waren es, die ihn handelsschaftlich inne hatten, sondern die östlich-Arabischen Gerrhäer, und deren südöstliche Nachbarn, die Minäer [134]). Die Gebiete jener beiden hingegen lagen im südwestlichen und westlichen Theile der Halb-Insel, und gehörten zu der erwähnten Kette des Waaren-Umsatzes, die in der Nähe der Ostküste des Meerbusens hinauf bis in das Peträische Arabien, insonderheit bis nach Idumäa lief. Schon daraus folgt die angegebne Lage, daß die Sabäer neben die Peträisch-Arabischen Nabathäer gesetzt werden, mit der Nachricht, es hätten sich ihre ehemaligen, in Gemeinschaft mit diesen unternommenen Streifereien bis nach Syrien erstreckt [135]); und daß, die Dedaniten betreffend, diesen ihr Sitz ausdrücklich wenigstens in Arabien angewiesen ist [136]). Ein bezeichnendes

---

Von Gesenius, über Jes. XXI. 13, Th. I. S. 671, wird die Lage richtig bestimmt.

*) Oben S. 91.

134) Agatharch. p. 57. 64. 65.
Diodor. III. 41.
Strabo XVI. 1110. C. extr. et 1122.

135) Strabo XVI. 1125. C.

136) Jes. XXI. 13.
Ezech. XXVII. 20. 21.

Merkmal von jenen [137]), wie von diesen [138]), ist noch, daß sie mit der gegenüber liegenden Aethiopischen Küste in Handelsverbindung gestanden, und dortige Erzeugnisse, als Gewürze, Ebenholz, Gazellenhörner, eingetauscht haben. Auch eine Schifffahrt vom nordwestlichen Arabischen Meerbusen bis an die Küste der Sabäer hat Statt gehabt [139]). Nördlich von den Dedan lief die Fortsetzung der Karavanenstraße durch das Land der Thema [140]); denn nicht nur werden beide Völker neben einander gestellt [141]), sondern das letztere auch als ein Idumäisches im Peträischen Arabien bezeichnet [142]). — Weiter gelangte der Karavanenzug in das Land Kedar, angrenzend an die Peträisch-Arabischen Nebajoth oder Nabathäer [143]).

Eine Landschaft eben dieses nördlichen Theils von Arabien war in dem Zeitalter der Hebräischen Dichter auch Idumäa; erst später ist dieselbe zu

137) Strabo XVI. 1124. C.

138) Ezech. XXVII. 15.
Vergl. oben S. 90.

139) Theophrast. hist. pl. IX. 4. §. 4 et 5.

140) Jes. XXI. 14.
Hiob VI. 19.

141) Jer. XXV. 23. XLIX. 7. 8.
Ezech XXV. 13.

142) Jer. XLIX. 7. 20.
Amos I. 11. 12.

143) Jes LX. 7.

Palästina gezogen worden. Irre geführt von der Meinung, sie habe zu allen Zeiten dazu gehört, unterscheidet Eusebius zwei Dedan und zwei Thema. Das eine seiner beiden Dedan setzt er in die Arabische Landschaft Kedar, das andere nach Idumäa[144]). In diese letztere bringt er auch eins der beiden Thema; was aber das andere betrifft, ist er zweifelhaft, ob es, nach Ezechiel, eben dahin gehöre, oder, nach Jesaja, zu Arabien[145]).

Wenn der letzte Theil des hier abgehandelten Waarenzugs ebenfalls zu Lande, nämlich durch das Peträische Arabien, Statt fand, so war Petra der Hauptstapelplatz, und nach Griechenland kamen dann die Waaren unstreitig über Tyrus. Es können aber auch einige Umstände als Spuren angesehn werden, daß sie zu Schiffe über Aegypten, und von da durch die Phöniker unmittelbar in die Griechischen Häfen geführt worden. Dieses betriebsamste aller Handelsvölker des Alterthums scheint die Aegypter auf die geeignete Lage ihres Landes zu einer Verbindung mit dem Arabischen Meerbusen aufmerksam gemacht zu haben. Den ersten Versuch eines Kanals dem Sesostris beizulegen[146]), kann eine Verwechselung mit

144) Onomasticon urbium et locorum sacrae scripturae. Amstelodami 1707. p. 59. 62.

145) Ibid. p. 152. 153.

146) Aristot. Meteor. I. 14, ed. Bekker. p. 352. B. Strabo XVII. 1156 extr.

einer andern Sage seyn, nach welcher die Durchschneidung Aegyptens mit Kanälen sein Werk gewesen seyn soll [147]). Abgesehn indessen von dem Sagenhaften seiner Person, wie von der übertrieben frühen Zeit, in die er gewöhnlich gesetzt wird, läßt sich doch eine andere Ueberlieferung daneben stellen, die ihm die Unterhaltung einer Seemacht im Arabischen Meerbusen nachrühmt [148]). Läge hier eine Thatsache zum Grunde, so könnte der Zweck nur gewesen seyn, die Seeräuber abzuwehren, und gegen sie einen Durchgangshandel zu schützen, der wegen der Zollgebühren vortheilhaft war. Von einer zweiten Sage wird die Anlegung des Kanals dem Necho oder Neko, und die Vollendung dem Perser Darius, zugeschrieben [149]), wovon das Weitere unten. Eine Seemacht soll im Arabischen Meerbusen fortbestanden haben, auch nachdem die Arbeiten am Kanal ins Stocken gerathen [150]).

Wiewohl es an ausdrücklichen Belegen fehlt, ist doch ein sehr früher Handel der Phöniker nach

---

147) Herodot II. 108.
Diodor. I. 57.

148) Herodot. II. 102.

149) Herodot. II. 158.
Diodor. I. 33.
Strabo XVII. 1157.
Plin. VI. 29.

150) Herodot. II. 159.

Aegypten, und über dasselbe zu Schiffe an die Ostküste von Afrika, zu vermuthen. Wenn Homer in die Beschreibung des Innern von Aegypten nicht eingeht, so darf hieraus nicht gefolgert werden, es sei ihm ganz fremd gewesen [151]). Ohne alle Kunde des Landes, wie hätte er die heilsamen und die schädlichen Kräuter desselben auszeichnen [152]), wie die Lage der Insel Pharus so genau beschreiben [153]) können? Von der Absperrung Aegyptens gegen das Ausland, die unter den frühern Beherrschern, vor Psammetich und Amasis, gesetzlich gewesen seyn soll [154]), müssen die Phöniker ausgenommen gewesen seyn. Denn zwar kann das einzelne Beispiel eines nach Aegypten gekommenen, verführerischen Phönikers nichts beweisen [155]); desto mehr aber spricht die bei Memphis befindliche umfassende Niederlassung der Tyrier [156]) für eine Handelsverbindung zunächst mit Aegypten. Ist dieselbe ausgedehnt gewesen bis nach Aethiopien, so hat der Vorzug des Wegs dahin an der Küste

151) Conf. Strabo VII. 458.
152) Odyss. IV. 230.
153) Ibid. 354 seqq.
Plutarch. Alex. 26.
154) Herodot. II. 154.
Diodor. I. 67.
Strabo XVII. 1242.
155) Odyss. XIV. 288.
156) Herodot. II. 112.

hinauf einleuchten müssen, da die Beschiffung des Nils mühsam und gefährlich war, in Aegypten selbst wegen der vielen durch vorspringende Felsen bewirkten Krümmungen, Strudel und Klippen, und oberhalb desselben wegen der großen Wasserfälle [157]. Die Küstenfahrt hingegen hatte weniger Beschwerliches, und erleichterte nicht nur den Markt, der dadurch an einige Landungsplätze gezogen wurde, sondern konnte auch zu einem Verkehr mit den herüberkommenden Arabern Veranlassung werden. Die räthselhafte Fahrt, die von der Handelsgesellschaft Hiram's und Salomo's veranstaltet worden, wenn sie in den Umfang dieser Schrift gehörte, würde hier ihre Stelle haben.

Von den köstlichen Erzeugnissen der Natur, welche die Phöniker aus dem weiten Bereich ihres morgenländischen Handels bezogen, und großentheils nach Griechenland absetzten, bestanden die Aethiopischen in Elfenbein, Ebenholz, Edelsteinen, Silber und Gold [158]. Die Arabischen und Indischen

157) Id. II. 28. 29
Diodor. I. 32 extr.

158) Herodot. III. 114.
Agatharchides p. 23.
Diodor. I. 33.
Strabo XVII. 1177.
Hiob XXII. 24.
Cosmas Indopleust. ap. Montfauc. nova coll. PP. T. II. p. 139.

erfodern eine ausführlichere Darstellung, worin die Erwähnung noch zweier Aethiopischen Natur-Erzeugnisse, des Weihrauchs und Zimmts, im Zusammenhange nachgeholt werden soll. **Weihrauch** nämlich, **Balsam**, und andere wohlriechende Harze gehörten im morgenländischen und Griechischen Alterthum zu den gangbarsten Handelswaaren. Denn an die unter Hirtenvölkern entstandnen Thier-Opfer hatten sich Gefühle der Andacht äußerlich angelehnt; da nun der Bauch der Thiere geöffnet werden mußte, so war Räucherwerk unentbehrlich [159]). Das in Syrien am Libanus gewonnene ist frühzeitig bekannt gewesen [160]). Anlangend aber die Heimath desjenigen Weihrauchs, der für den edelsten gilt, und nur der **Arabische** genannt wird, sind die Meinungen getheilt. Nach einer ziemlich allgemeinen soll die Benennung daher rühren, daß diese Völkerschaft im Alleinbesitze des Handels damit gewesen sei; zu vergleichen mit dem Handelsnamen „Cölner Kastanien" im Nordischen Mittelalter, die aus der Pfalz in die alte Rheinstadt herabkamen, und von diesem Stapelplatze aus weiter vertrieben wurden. In Arabien selbst sei,

---

159) Jes I. 13.
Jer. VI. 20.

160) Genes. XXXVII. 25.
Aeschyl. Agamemn. 1299 (1313).
Theophrast hist. pl. IX. 6. 7.

jener Meinung zufolge, nur schlechter Weihrauch, und auch nur in einigen Gegenden, einheimisch, aller bessere aber von jeher durch die Araber aus **Indien** gekommen [161]). Daß er daselbst gediehn und in bedeutenden Vorräthen von da gekommen sei, hat man schon im Alterthum angenommen [162]). Es widersprechen sich aber hierin die Berichte zweier neuern Sachkundigen, welche Indien aus eigener Anschauung gekannt, und von denen der eine versichert, den Baum in der Gegend zwischen Sóne und Nágpúr gefunden zu haben [163]), der andere dagegen schlechthin leugnet, daß Indien Weihrauch hervorbringe [164]). Ohne den Widerspruch lösen zu wollen, muß sich die gegenwärtige Ausführung auf die Nachrichten der Schriftsteller des Alterthums beschränken, die bestimmt auf Arabien hinweisen, mit Ausnahme einiger, die gar keine Heimath nennen [165]). Von jenen wird entweder

---

161) **Niebuhr**, Reisebeschreibung von Arabien, S. 143. 144. 286.
Conf. Salmasii exerc. in Solin. p. 360 seqq. et Vincent. l. l. (supra p. 95) p. 339. N. 203.

162) Dioscor. I. 81.
Strabo XVI. 1129.

163) Colebrooke: Asiatic researches IX. 381.

164) Garçias ab Horto, aromatum historia, in Clusii exot. p. 157.

165) Exod. XXX. 34.
Levit. II. 1. 15.

Arabien überhaupt als Vaterland angegeben [166]), oder es werden gewisse Gegenden namentlich angeführt, und darunter zwei ausgezeichnet, in welchen der edelste Weihrauch gewachsen. Die erste davon ist das Land der Sabäer [167]), die, um ihrem Handel damit eine größere Ausdehnung zu geben, noch auswärtige Vorräthe, nebst andern wohlriechenden Pflanzenstoffen, zugekauft, die sie „von jenseit" geholt haben [168]), aus dem Lande, das, wenn man im Arabischen Meerbusen südwärts fährt, auf der rechten Seite liegt [169]), an der Küste von Ajan [170]). Deutlich genug ist hier Aethiopien und Ober-Aegypten bezeichnet; und daß daselbst, vermöge der ziemlich gleichen Naturbeschaffenheit zu beiden Seiten des Arabischen Meerbusens, Weihrauch einheimisch gewesen, hat man längst in Aegypten gewußt [171]). — Wenn

166) Jer. VI. 20.
Herodot. III. 107.
Diodor. II. 49.
Strabo XVI. 1119 1120.

167) Jes. LX. 6.
Theophrast. hist. plant. IX. 4.
Agatharch. p. 61.
Strabo XVI. 1113. 1124.
Plin. XII. 14.

168) Agatharch. p. 64.

169) Marcian. Heracleot. ap. Huds. I. 12.

170) Peripl. mar. Erythr. p. 7. 8.

171) Herodot. II. 8.

die zweite jener Gegenden „bei Persien [172])" gesetzt wird, so sind damit die im südöstlichen Arabien liegenden, an vorzüglichem Weihrauch ergiebigen Küstenländer Kana und Sachalites [173]) gemeint, aus deren Häfen in der Folge die vielgesuchte Waare zu Schiffe an die Mündung des Euphrat, auf den Stapelplatz Diridotis oder Teredon [174]) geführt worden ist [175]). Mit den kindischen Mährchen von den Gefahren bei dem Einsammeln der Frucht [176]) bleibt der Leser verschont.

Myrrhen, verwandt mit dem Weihrauch, und Storax, waren ebenfalls vorzügliche Erzeugnisse Arabiens [177]). Eben daher und aus Indien kamen Heilkräuter [178]), namentlich der Pflanzenstoff

---

172) Strabo XVI. 1129. C.: „πρὸς τῇ Περσίδι."

173) Peripl. mar. Erythr. p. 15. 16.

174) Strabo XVI. 1110.
Plin. VI. 28.

175) Nearchi parapl. ap. Huds. I. 37.

176) Herodot. III. 107.
Agatharch. p. 62.

177) Exod. XXX. 23.
Herodot. III. 107.
Theophrast. hist. pl. IX. 4 et 7.
Dioscor. I. 79.
Strabo XVI. 1119. 1120. 1124.
Plin. XII. 15. 16.

178) Plin. XXII. 24 extr.

Galbanum [179]), und Balsam [180]), den jedoch auch das den Phönikern benachbarte Syrien in vorzüglicher Güte hervorbrachte [181]).

Ueber das Vaterland des Zimmts, der Kasia und des Ladanum sind die Angaben ziemlich übereinstimmend. Wenn die Griechen das Wort Kinnamon von den Phönikern angenommen [182]), so haben sie unstreitig auch die Sache von ihnen erhalten: woraus überhaupt der Phönikische Gewürzhandel nach Griechenland gefolgert werden darf, den auch bei den Israeliten die Erwähnung des Zimmts und wohlriechender Kräuter [183]) voraussetzen läßt. Von dem eigentlichen Vaterlande des Zimmts, wofür jetzt Indien, insonderheit Ceylon, bekannt genug ist, findet sich im Alterthum nur eine dunkle Spur [184]); übrigens sind die Länder auf den beiden sich gegen über liegenden Küsten des Arabischen Meerbusens allgemein dafür gehalten worden. Die Meinung, er

---

179) Theophrast. l. l.
Dioscor. III. 87 (97).
Plin. XII. 25.

180) Strabo XVI. 1124.
Diodor. II. 48.

181) Theophrast. l. l. §. 6.

182) Herodot. III. 111.

183) Exod. XXX. 23. 24.
Jer. VI. 20.

184) Herodot. l. l.

sei einheimisch in Arabien, und am vorzüglichsten im Lande der Sabäer [185]), könnte man für einen Irrthum halten, der daher entstanden, daß die Araber Zwischenhandel damit getrieben, wenn nicht gewiß wäre, daß er auch in Aethiopien gewachsen ist [186]), ja der von Mosylon, an der dasigen Küste, dem Versendungsplatze [187]), für den besten gegolten hat [188]). — Bei dem sogenannten „Arabischen Kostus" aber ist dies wirklich der Fall gewesen. In der Handelswelt hat man hierunter allen Kostus begriffen, wiewohl nicht unbekannt war, daß er größtentheils aus Indien käme [189]), und in Arabien nur einiger wüchse,

185) Herodot. III. 107. 110.
Theophrast. hist. pl. IX. 4.
Dioscor. I. 12. 13. 128.
Agatharch. p. 61.
Strabo XVI. 1114. 1124.
Diodor. II. 49.
Plin. XII. 17.

186) Strabo XVI. 1119. 1120. XVII. 1138.
Plin. XII. 19: „cinnamomum idemque cinnamum nascitur in Aethiopia."
Conf. C. G. et Th. Fr. L. Nees ab Esenbeck, fratrum, de cinnamomo disputatio. Bonnae 1823. p. 10.

187) Peripl. mar. Erythr. p. 7.

188) Dioscor. I. 13.

189) Plin. XII. 12.
Peripl. mar. Erythr. p. 22. 28.
Garcias l. l. p. 204. 205.

der freilich dem Indischen vorgezogen wurde [190]). Ob ihn auch Persien hervorgebracht habe, „Achämenischer Kostus [191])" also nicht etwa eine blos dichterische Benennung sei, muß dahin gestellt bleiben. Das in Rede stehende Gewürz, wahrscheinlich unser Zittwer, ist die Wurzel von Curcuma Zedoaria; was aber jetzt unter dem Namen Kostus in den Apotheken verkauft wird, ist nicht eine Wurzel, sondern eine Rinde, nicht wesentlich verschieden von der Canella alba, nur dicker und mehr dunkelfarbig. — Von andern Gewürzen Indiens können Pfeffer, Narde, Amomum, Kardamomum, Komakum (Muskatnuß?) noch in diesen Zeitraum gezogen werden [192]).

Was in dem heutigen Brittischen Handelsgebiet Indien, das waren im Phönikischen die einander gegenüber liegenden Küstenländer der westlichen Gegend des mittelländischen Meeres, Libyen und Hispanien. Die auf der Afrikanischen Seite liegenden sind überhaupt genannt worden Länder mit Bewohnern

---

190) Dioscor. I. 15.

191) Horat. Carm. III. 1. 44.

192) Theophrast. hist. pl. IX. c. 7. §. 2. 3. et c. 20 (22). Id. de odoribus, ed. Schneid. p. 741. 743. 744. §§. 28. 32. 34.
Dioscor. I. 14.

von dunkler Gesichtsfarbe [193]), mit Hesperischen [194]), und Hammonischen [195]) Aethiopern. Bis außerhalb der Herkules-Straße haben sich in unbekannter Zeit, bei aller damaligen Mangelhaftigkeit der Schifffahrt, zuerst kühne Phönikische Seeräuber, darauf Handelsschiffe gewagt, und namentlich eine südwärts liegende Insel Kerne besucht, wahrscheinlich entweder Arguin, oder Fedal, wo sie Löwen-, Panther- und Hirsch-Felle eingetauscht [196]). — Aus Libyen haben die Phöniker unstreitig die Baumfrucht gebracht, die im Sagen-Alter der Griechen unter dem Namen der Hesperidischen Aepfel vorkommen [197]). Die mythischen Gärten, in welchen sie gewachsen, werden in dieses Land gesetzt [198]), und die Früchte sind fast allgemein von ältern [199]), wie von neuern Schriftstellern auf die Agrumen gedeutet worden: was aber

193) Il. XXIII. 206.
Odyss. I. 22 seqq. IV. 84.
Hesiod. Theog. 985.
Jerem. XIII. 23.

194) Strabo XVII. 1183. 1184.

195) Plin. XXXVII. 2.

196) Hannonis peripl. ap. Huds. I. 3.
Scylax ap. eund. I. 53. 54. Klausen p. 248. 249.
Conf. Herodot. IV. 196. et Strabo I. 82.

197) Hesiod. Theog. 215.

198) Scylax ap. Huds. I. 45 seqq. Klausen p. 233 seqq.
Strabo XVII. 1196.
Plin. V. 1. 5. XIX. 4 extr. XXXVII. 2 extr.

199) Antiphanes ap. Athen. III. p. 84.

ohne Begründung ist. Denn eben weil die Benennung aus der Sagenzeit stammt, werden für diese Deutung nirgend Unterscheidungsmerkmale angeführt; kein Schriftsteller hat eine bestimmte Frucht unter diesem Namen aus eigener Anschauung gekannt. Nun ist zwar, wie oben bemerkt worden *), Medien und Persien das eigentliche Vaterland der Citronen und Pomeranzen; wenn es aber jetzt bekanntlich in dem angegebnen Theile von Afrika ganze Wälder davon giebt, so könnte die Verpflanzung schon in sehr früher Zeit vor sich gegangen seyn. Indessen dürfte es keinen Anstand finden, die Hesperidischen für Punische oder Granat-Aepfel [200]), ῥόαι, zu erklären. Ob diese gleich auch in den östlichen Gegenden des mittelländischen Meeres, in Kilikien, auf Kyprus, in Aegypten, gediehn [201]), sind sie doch zuerst aus Libyen (Karthago) von den Phönikern eingeführt worden [202]).

Bis in diese westlichen Küstenländer desselben Meeres haben die Phöniker ihre Unternehmungen

---

*) S. 93.

200) Theophrast. hist. pl. II. 2 (3).
Id. de causis plant. II. 13 (18).
Dioscor. I. 151.
Columella V. 10. §. 15. XII. 46. §. 2.
Palladius IV. 10.

201) Athen. III. 84.

202) Plin. XIII. 19.

und Niederlassungen wohl nur allmählich erweitert, dadurch, daß sie von Palästina und Aegypten aus immer weiter und weiter nach Westen, an der Küste entlang, bis außerhalb der Straße, vorgerückt sind; wo dann die Ueberfahrt in das südwestliche Hispanien nicht schwer fiel. Sehr früh ist daselbst die Niederlassung der Tyrier gegründet worden, die von den Mündungen des Baetis (Guadalquivir) ostwärts bis Gades reichte [203]), von der aber unbekannt ist, wie tief sie sich in das innere Land erstreckt habe. Tartessus ist wahrscheinlich der frühere Name jenes Flusses gewesen [204]); ein Landungsplatz gleiches Namens mag an einer von den Mündungen eingerichtet worden seyn [205]). Dann aber ist die Benennung überhaupt auf das dortige Tyrische Gebiet übergegangen, Phönikisch, also ursprünglich, Tarsis oder Tartis [206]), woraus die Griechische Form Tartessus. Ein Land, von der Natur in ihren drei Reichen mit vielen Schätzen begabt, und von einem Volke bewohnt, das unfähig war, sie gehörig zu

---

203) Scylax p. 1.
Strabo III. 221.
Vellej. Paterc. I. 2: „Tyria classis — Gades condidit."

204) Strabo l. l.
Pausan. VI. 19. §. 3.

205) Strabo l. l.

206) Psalm. LXXII. 10.
Jes. XXIII. 1. LXVI. 19.
Ezech. XXXVIII. 13.

würdigen und zu benutzen, eröffnete für den Phönikischen Aktivhandel vortreffliche Aussichten. Wein, Getreide, Scharlachbeeren, Oel, Honig und Wachs, feine Schafwolle, Flachs und Hanf, brachte das Land in Menge und Güte hervor [207]. Am wichtigsten aber war der unterirdische Reichthum. Aus den ergiebigen Hispanischen Gruben sind die meisten der Metalle gekommen, welche die Tyrier an die Griechen abgesetzt haben, was von dem Silber [208] und dem Blei [209], namentlich angegeben wird. Sehr bedeutend soll der Ertrag der Goldbergwerke gewesen seyn [210]. Von der Ausfuhr des Silbers wird viel Rühmens gemacht [211]. Dazu Blei und Eisen [212], auch Rothstein [213].

Zinn ist in Hispanien zwar ebenfalls ausgebeutet

207) Strabo III. 212. 213.
Plin. XIX. 1.

208) Diodor. V. 35.

209) Pseudo-Aristot. Oecon. II. ed. Schneid. p. 28.

210) Strabo III. 216.
Plin. XXXIII. 4.

211) Ezech. XXVII. 12. Conf. 25.
Diodor. V. 35.
Strabo III. 216. 217. 220. 221.
Plin. XXXIII. 6.

212) Ezech. I. 1.
Strabo III. 221.

213) Id. III. 213.

worden[214]; eine viel reichere Fundgrube aber desselben hat der allgeschäftige, spähende Phöniker in Britannien entdeckt, wofern unter *κασσίτερος* schon ganz unser Zinn zu verstehn ist [215]. Von diesem fernen Eilande hatten die frühern Griechen nur im Allgemeinen etwas gehört [216]; denn die Phöniker allein kannten den Weg dahin[217], und sie haben mit einer Eifersucht, die kein Mittel zum Zwecke verschmähte, stets getrachtet, sowohl ihn, als überhaupt ihre Fahrten im Atlantischen Meere, geheim zu halten, und jeden Versuch der Berührung dieses ihres anmaßlich ausschließlichen Handelsgebiets durch fremde Schiffe, zu vereiteln. Lügenhafte Gerüchte über das Gefährliche dieser Fahrten haben sie ausgesprengt [218], und wo diese nicht abschreckten, List und Gewalt angewandt[219]. Noch in späterer Zeit ist ein Römischer Seemann, der sich hinaus gewagt hatte, das Opfer ihrer Barbarei geworden. Er folgte einem ihrer Schiffe, das er wahrgenommen, in einiger

214) Ezech. l. l.
Diodor. V. 38.
Strabo III. 219.

215) Beckmann, Beiträge zur Geschichte der Erfindungen, IV. 346.
Id. ad Pseudo-Aristot. de mirabil. auscult. p. 102.

216) Herodot. III. 115.

217) Strabo III. 265. C.

218) Posidon. ap. eund. III. 259.

219) Strabo XVII. 1154.

Entfernung, mit dem Vorhaben, den Lauf desselben abzulauern. Das entging aber nicht dem schlauen Punischen Schiffshauptmann. Nachdem er Anstalten zur nothdürftigen Rettung seiner Mannschaft getroffen, gab er Schiff und Ladung Preis, und führte es auf eine Sandbank. Der unkundige Römer folgte, und ging unter; den entschlossenen Phöniker entschädigte seine Regierung [220]).

II.

Handel sämmtlicher Griechen mit den Umgebungen des mittelländischen und Aegäischen Meeres, mit Hispanien, Gallien, Italien, Sicilien, Libyen, Aegypten, Klein-Asien.

Aller Anstrengungen ungeachtet, die Alleinherrschaft in den westlichen Gewässern zu behaupten, haben die Phöniker doch nicht verhindern können, daß in den Phokäern Nebenbuhler aufgetreten sind, durch die wenigstens ihrem Vordringen an der Küste von Hispanien und Gallien Schranken gesetzt worden. Einheimisch an der so weit entlegenen Klein-Asischen Küste, haben diese wohl nicht auf den Gedanken kommen können, in Wetteifer zu treten, und Entdeckungsreisen dahin zu versuchen, sondern der Zufall

220) Strabo III. 265.

hat sie zuerst so weit nach Westen geführt, wozu einige Mal nothgedrungene Auswanderungen die Veranlassung gegeben; der Möglichkeit nicht zu gedenken, daß Kauffahrteischiffe, die eine ganz andere Bestimmung hatten, dahin verschlagen worden. Ein solches Beispiel ist wenigstens von einem Samischen bekannt, das auf der Fahrt nach Aegypten durch Stürme bis nach Tartessus gerathen ist [1]).

Was von den ersten Streifereien der Phokäer an den Küsten der Westländer erzählt wird [2]), ist eben so wenig verbürgt, als von Belang. Ihre Fahrten in den Adriatischen, Tyrrhenischen und Römischen Gewässern [3]) was werden sie anders gewesen seyn, als Seeräuberzüge? Durch solche mit der Lage und dem Zustande des südwestlichen Europa im Allgemeinen schon früher bekannt geworden, entschlossen sich bei dem Vordringen der Perser nach Jonien erbitterte Haufen, die Heimath zu verlassen, und dort eine neue aufzusuchen [4]). Einen davon führte sein Schicksal an die Mündung des Rhodanus, wo es ihm gelang, ein Stück Landes in Beschlag zu nehmen, und durch Fischfang und Plünderung der

1) Herodot. IV. 152.
2) Id. I. 163. 166.
3) Id. I. 163.
Justin. XLIII. 3.
4) Herodot. I. 162. 164.
Pausan. X. 8. §. 4.

benachbarten Küsten, verbunden mit einigem Handel, seinen Unterhalt zu erwerben [5]). Aus so schwachen und mühseligen Anfängen ist der mächtige und berühmte Freistaat Massilien erwachsen [6]). Doch haben von Anbeginn die Mitglieder des jugendlichen Gemeinwesens viel Unternehmungsgeist und Betriebsamkeit bewiesen, Handelsverhältnisse angeknüpft, Waaren-Ablager eingerichtet, von denen einige zu erheblichen Ortschaften gestiegen sind, für eine Kriegsflotte gesorgt, und das Bestreben verrathen, in ihrem Bereich eine Seeherrschaft auszuüben. Daß weiter oben am Flusse die Kreter Vienne angelegt hätten [7]), und dadurch den Massiliern in den Weg getreten wären, ist eine unverbürgte Nachricht.

Am weitesten haben diese letztern ihre Wirksamkeit in westlicher und südwestlicher Richtung ausgedehnt, und an den Küsten von Gallien und Hispanien Töchter-Anstalten gegründet. Zuvörderst Rhodanusia, an dem gleichnamigen Flusse [8]), und

5) Justin. l. l.

6) Aristot. ap. Athen. XIII. 5. p. 576.
Id. ap. Harpocr. v. *Μασσαλία*.
Scymnus Chius 208. 209. Huds. II. 13.
Strabo IV. 270.
Liv. V. 34. XXXIV. 9.

7) Steph. Byz. v. *Βίεννος*.

8) Scymnus Chius 207.
Steph. Byz. v. Rhadanusia et Rhodanusia.

weiterhin Agathe 9) (Agde). Dann im heutigen nordöstlichen Catalonien Rhode, zuerst ein Ankerplatz der Rhodier, wovon der Name, und daneben eine Ortschaft, schlechthin genannt „Niederlage,“ Emporium [10]), bei den Römern Emporiae, jetzt Empurias oder Ampurias. Die Richtigkeit der Lage beider Orte wird durch die Beschreibung zweier Züge Römischer Heere bestätigt. Der erste geschah anfänglich zu Schiffe, an den Pyrenäen vorbei, bis nach Emporiä, wo die Mannschaft ausgeschifft wurde, und zu Lande weiter zog, bis nach Tarragona [11]); der zweite ganz zur See, von Genua aus, an den Ligurischen Alpen vorbei, über Rhode, nach Emporiä [12]). Von hier aus, längs der Massilisch-Ligurischen Küste [13]), bis an den Rhodanus, waren zu der Fahrt zwei Tage und eine Nacht erfoderlich [14]). Viel weiter südwestlich, in der heutigen Landschaft Valencia, und zwar südlich nicht weit von dem Flusse Sucro (Xucar), in der Richtung auf Neu-Karthago,

9) Scymn. Chius l. l.

10) Id. 203—205.
Scylax p. 1.
Strabo III. 241. XIV. 967.
Plin. III. 3.

11) Liv. XXVI. 19.

12) Id. XXXIV. 8.

13) Scymn. Chius 210.
Strabo IV. 311. A.

14) Scylax p. 2.

befanden sich noch drei Massilische Anlagen, von denen Dianium (Denia) die vorzüglichste war [15]. — Nach Osten ist den Massiliern die Erweiterung ihres Verkehrs weniger gelungen; das heutige Monaco scheint die Gränze gewesen zu seyn [16]. Von der Mutterstadt bis dahin bestanden vier Tochteranstalten: Tauroëntium, Olbia, Antipolis (Antibes), Nikäa (Nizza) [17].

Aus diesen Veranstaltungen geht hervor, daß die Gewerbthätigkeit der Massilier in selbstthätigem, an dem ganzen bezeichneten Küstenstreifen geführten Zwischenhandel bestanden habe, in welchen die Coloniestädte dadurch eingriffen, daß sie die Landeserzeugnisse vermittelst eines Passiv-Binnenhandels bezogen, und in Waarenlagern ansammelten. Auf dieses Seegebiet aber von der Mündung des Varus, der Italien und Gallien scheidet, bis an den Sucro, machten die gewaltthätigen Karthager und die Tyrrhener Anspruch. Daß über diese tapfern und erfahrnen Seeleute die

---

15) Strabo III. 239.
Cic. Verr. lib. I. 34. V. 56.
Plin. III. 3.

16) Strabo IV. 310.

17) Polyb. XXXIII. 4.
Scymn. Chius 214. 215.
Strabo IV. 280. 281. conf. 272.
Plin. III. 45.
Pomp. Mela II. 5.

Massilier früh schon einen freilich sehr theuren Sieg erfochten haben [18]), ist ein Beweis von den schnellen Fortschritten der letztern im Seewesen. Ihrer dadurch erlangten politischen Bedeutung, gegründet auf Handel und Betriebsamkeit, wird rühmlich gedacht [19]). Einen Haupt-Zweig des Landhandels machten die Geschäfte mit Britannien aus. In unbekannten Anfängen hatte der Vertrieb der Waaren dieses Landes, der bisher in den Händen der Phöniker gewesen war, und zur See Statt gehabt hatte, den Zug durch Gallien nach Massilien genommen. Das aufgeweckte nordwestlich-Gallische Volk der Veneter scheint das Triebwerk in Bewegung gesetzt zu haben, und ihr Haupt-Ort Dariorigum (Vannes im Meerbusen Morbihan), an der Südküste von Armorica [20]), der Stapel gewesen zu seyn, wohin diese Zwischenhändler die Britannischen Landeserzeugnisse, als Zinn, Blei und (Schaf-)Felle, brachten. Zur Weiterbeförderung der Güter zu Lande durch Gallien waren dreißig Tagereisen erfoderlich. Was die Massilier dagegen absetzten, bestand in Hervorbringungen ihres

18) Thucyd. I. 13 extr.
Pausan. X. c. 8. §. 4. — c. 18. §. 6.
Conf. Herodot. I. 166.

19) Strabo IV. 272. 273.
Caesar de bello civ. II. 22.

20) Id. de bello Gall. V. 53. VII. 75. Conf. III. 8.
Ptol. II. 8.

Kunstfleißes, in Salz, irdenen Geschirren, Metallwaaren, wozu sie die rohen Stoffe aus ihren Hispanischen Colonien einholten [21]).

Ein andrer, auf die oben *) angegebne Veranlassung ausgewanderter Haufe von Phokäern war an die Westküste von Unter-Italien gerathen, wo er den Grund zu Parthenope (Neapolis) gelegt hat [22]). Diese ersten Stifter dürfen nicht verwechselt werden mit später hinzugekommenen Ansiedlergesellschaften, mit Rhodiern [23]), Euböischen Chalkidiern [24]), und Kumäern, deren Abkömmlingen [25]). Solche, namentlich die beiden letzten, desgleichen Athener und Pithekuser, haben die Anlage blos erweitert [26]). — Ferner ist Dikäarchia [27]) ebenfalls von Jonern (Phokäern) angelegt worden [28]). Anfänglich hat dieser Ort blos den benachbarten Kumäern als Hafen gedient [29]); später ist er unter dem Namen Puteoli

---

21) Diodor. V. 22. 38. sub fin.
Strabo III. 220 A. 265.
Conf. Plin. IV. 16. XXXIV. 16.

*) S. 115.

22) Scymn. Chius 246. 247.

23) Strabo XIV. 967.

24) Plin. III. 5 post med.

25) Vellei. Paterc. I. 4.

26) Strabo V. 377.

27) Diodor. V. 13.

28) Steph. Byz. v. Δίκαια.

29) Strabo V. 376.

zu besonderer Wichtigkeit gestiegen [30]), was durch hinzugekommene Samier soll bewirkt worden seyn [31]). — Hyela oder Elea in derselben Gegend [32]). — Die Anlegung von Lagaria, auf der Ostküste, in der Nähe von Sybaris, wird den Phokäern in Verbindung mit Epeern zugeschrieben [33]).

Diese östliche Küste von Unter-Italien nebst Sicilien war für den Dorischen Stamm das Feld, worin er die Ueberlegenheit behauptete, seit der zweiten Hälfte des achten Jahrhunderts vor unsrer Zeitrechnung. Als Mutterland der meisten Anlagen ist der Peloponnesus bekannt [34]). Nicht nur von diesen Colonien, sondern überhaupt von allen Griechischen, war die wichtigste unstreitig Syrakus, eine Tochter Korinths [35]). Sie ist ein Beweis, wie ein Seeplatz, wenn er einen geräumigen Hafen besitzt, und in einem mit Gütern der Natur reich begabten Lande liegt, deren Vertrieb in das Ausland er

30) Plin. l. l.
Steph. Byz. v. Δικαιάρχεια et Ποτίολοι.
Vergl. unten.

31) Id. l. l.

32) Herodot. I. 167.
Strabo VI. 387. 388.

33) Id. VI. 404.
Steph. Byz. h. v.

34) Thucyd. I. 12.

35) Id. VI. 3.
Strabo VI. 413. 414.

vermittelt, auch ohne selbstthätigen und Zwischen-Handel zu großem Reichthum und bürgerlicher Stärke gelangen kann. Bei Syrakus würde diese noch viel größer gewesen seyn, hätte der Staat nicht an so häufigen und tief erschütternden innern Bewegungen gelitten. In der Passiv-Ausfuhr von Getreide, durch dessen Erzeugung die Insel vorzüglich berühmt war, bestand das wichtigste Geschäft; namentlich gingen, wenn gewisse Umstände zusammentrafen, beträchtliche Vorräthe nach Attika [36]), um den starken Bedarf dieses bevölkerten Landes zu befriedigen. Die Griechischen Schiffe, die in Sicilien diese und andere Früchte luden, brachten dafür Arbeiten des Kunstfleißes. Die erste Stelle unter den Handelsplätzen der Insel hat Syrakus immer eingenommen; doch haben auch die rüstigen Rhodier festen Fuß darauf gefaßt, und Niederlassungen gegründet, die zu bedeutenden Städten geworden sind: Agrigentum oder Akragas, irrig für eine Ionische Anlage gehalten [37]), der Wahrheit nach eine Rhodische [38]); Gela, gemeinschaftlich mit den stammverwandten Kretern erbauet [39]).

---

36) Xenoph. Oecon. XX. 27.
Demosth. adv. Dionysiod. ed. Reisk. p. 1285.

37) Strabo VI. 417 C.

38) Polyb. IX. 27.

39) Herodot. VII. 153.
Thucyd. VI. 4. VII. 57 sub fin.

Unter den Seeplätzen auf der Ostküste von Großgriechenland haben in der frühern Zeit Sybaris, hierauf Tarentum, oben an gestanden; in so fern es nämlich in dem vorliegenden Werke nicht auf die Griechischen Colonien überhaupt, sondern nur auf die wichtigern Handelsorte ankömmt. Eine Dorische Anlage ist Sybaris auf jeden Fall gewesen, mag die Gründung den Rhodiern 40), oder, was glaublicher ist, den Achäern und Trözeniern 41), angehört haben. Mit der ausschweifenden Herrlichkeit und der gepriesenen Macht der Bewohner 42) stimmt die Nachricht von der auf gegenseitigen Verkehr gegründeten, gastfreundlichen Theilnahme überein, die sie in ihrem Unglück bei den Milesiern gefunden 43). Letztere scheinen es gewesen zu seyn, die mit jenen zur Zeit ihrer Blüthe einen für beide Theile einträglichen Handel getrieben, den Sybaritischen Wein aus den in Felsen am Strande gehauenen Kellern abgeholt 44), und dafür, außer den Arbeiten Klein-Asiens, ihre verrufenen, weichlichen Kleiderstoffe *) gebracht

---

40) Strabo VI. 405. XIV. 967.

41) Aristot. Pol. V. 2 (3). §. 10.
Strabo VI. 403. C.

42) Diodor. XII. 9.
Strabo VI. 404.

43) Herodot. VI. 21.
Timaeus ap. Athen. XII. 3. p. 519.

44) Athen. l. l. lit. D.

*) Oben S. 86.

haben; denn der Sybarit blieb gern daheim, und setzte seinen behaglichen Stolz darin, auf den Brücken seiner beiden Flüsse Krathis und Sybaris[45]) alt zu werden[46]). — In Wollüsten und ausschweifender Sinnlichkeit den Sybariten nicht nachstehend, hatte im Großhandel Tarentum bei weitem den Vorzug. Abgesehn von der Entstellung der Geschichte des Ursprungs durch den Muthwillen der Sage, ist so viel unzweifelhaft, daß die Bürgerschaft von Doriern abstammt, und zwar entweder von Lakedämoniern allein[47]), oder von diesen, verbunden mit Kretern[48]). Die für eine Seestadt ungemein günstige Lage, die Vorzüglichkeit des Hafens, die mächtigste aller Kriegsflotten der Gegend[49]), machten Tarent zum Hauptstapel für die Güter, die zwischen den Italisch-Sicilischen und den Griechischen Lagerplätzen umgesetzt wurden[50]). Zunächst ging der Zug dieser Waaren, und der, aus Libyen kommenden, in den Krissäischen und Korinthischen Meerbusen, von wo die Verbreitung mit Landfracht, zum Theil bis nach Böotien, geschah[51]).

45) Herodot. V. 45.
Diodor. XII. 9.
46) Athen. I. I. lit. E.
47) Pausan. X. 10. §. 3.
48) Strabo VI. 426. 427.
49) Ibid. p. 429.
50) Polyb. X. 1.
51) Strabo IX. 614.

Die Fahrt nach Libyen hatten die Griechen den Phönikern abgesehn, die ihre Geheimnisse nicht länger bewahren konnten. Samier müssen früh den Weg dahin eingeschlagen haben, da in einer Oase eine Pflanzstadt von ihnen erwähnt wird [52]). Zu verwundern ist freilich, wie in diese zwar fruchtbare, aber vom Meere entlegene, und durch Sandsteppen davon getrennte Gegend eine aus Inselbewohnern bestehende Ansiedlergesellschaft gerathen sei, wenn sie nicht etwa durch Schiffbruch gezwungen worden, ein Unterkommen zu suchen. Kyrene dagegen, eine Colonie von Thera [53]), vereinigte die Vortheile eines ergiebigen Bodens und einer reizenden Gegend mit der Lage in der Nähe des Meeres und Aegyptens. Doch hat sich der für eigene Rechnung getriebene Handel der Bewohner auf das letztgenannte Land, und auf das Innere von Afrika beschränkt. Der Schifffahrt und dem Seehandel haben sie weniger Thätigkeit und Capital zugewandt, sondern die aus Afrika eingeführten Waaren, nebst denen, die in ihren Werkstätten gefertigt wurden, und die ihr Gebiet hervorbrachte, durch die Griechen, selbst durch Pontische von Heraclea [54]), abholen lassen. Mehr, als die

---

52) Herodot. III. 26.

53) Id. IV, 152 seqq.
Strabo XVII. 1194.
Plin. XIX. 3.

54) Demosth. adv. Callipp. R. p. 1236.

Salben aus Rosen, kommen unter ihren Kunst-Arbeiten die geschnittenen Steine in Betracht [55]). Wie die Menge und die Kühnheit der Trümmer dieser berühmten Stadt verrathen, ist ihr an Pracht und Größe der Bauwerke keine andere gleich gekommen. Aegyptischer Geschmack, und Kräfte, wie sie bei den erstaunlichen Bauten Aegyptens zu Gebote gestanden haben, sind dabei stark zu vermuthen. Die Kosten nämlich der Arbeit, bei weitem die bedeutendsten bei der Ausführung großer Anlagen und Bau-Unternehmungen, waren gering, da die hierzu verwandten Negersklaven mit ihrem markigen Rücken wohlfeiler erworben und unterhalten wurden, als die Sklaven, durch welche die Griechen des Mutterlandes ihre Bauten bewerkstelligten.

Dasselbe gilt auch von Aegypten, diesem räthselhaften Lande, für das im Alterthum ein so allgemeines und tief gewurzeltes Vorurtheil geherrscht hat, weil die Priester durch ruhmredige Behauptungen und ein vorgegebnes geheimes Wissen selbst Reisenden von Kopf zu gebieten gewußt haben. In dem Dunkel der Nil-Sagen, die Herodot zu sammeln für gut gefunden [56]), ist so viel als geschichtlich zu erkennen, daß die Aegyptischen Küsten für die Griechen durch

---

55) Athen. XV. 682.
Aelian. var. hist. XII. 30.

56) Diodor. I. 69 extr.

Seeräuber zugänglich gemacht worden [57]), die auch keinen Anstand genommen, Thronräubern und Emporkömmlingen als Söldner zu dienen [58]). Das erste Drittheil des siebenten Jahrhunderts vor unsrer Zeitrechnung (Ol. XXIII.) ist es, in welchem zuerst zwischen den Griechen und Aegyptern ein Verkehr zur See wahrgenommen wird [59]). Auch hier sind es Samier, von denen sich die erste Spur findet [60]). Die öffentlichen Verhältnisse auf ihrer Insel waren in Aegypten nicht unbekannt [61]); und indem sie die ihnen zu Theil gewordene günstige Stimmung der Regierung benutzten, die Bewilligung eines eigenen Platzes zur Ausübung ihrer Religion zu erlangen [62]), brachen sie die Bahn für andere Griechen, die den eröffneten Aegyptischen Markt besuchten. Den Aegineten und den Milesiern ward einzeln dieselbe Vergünstigung. Dann aber traten die Handelsleute aus den übrigen Griechischen Colonien in Klein-Asien und

---

57) Herodot. II. 152. 154.

58) Ibid. 163. 169.
Diodor. I. 67.

59) Polycharmus ap. Athen. XV. 675. 676.

60) Herodot. IV. 152.

61) Id. III. 39—43.
Thucyd. I. 13 extr.
Diodor. I. 95.

62) Herodot. II. 178.

auf den benachbarten Inseln zusammen, und stifteten, obgleich verschiedner Bekennungen, einen Religionsverein, das schlechthin so genannte Hellenium. Mitglieder aller drei Hauptstämme nahmen daran Theil: Joner von Phokäa, Chius, Teus, Klazomenä; Dorier von Halikarnassus, Phaselis, Rhodus, Knidus; von Aeolern blos Mitylener auf Lesbus. Der kirchliche Verein führte auf den Gedanken der Erweiterung zum kaufmännischen. Wie man zum Behufe der gemeinschaftlichen Religionsübungen einen öffentlichen Platz, nach morgenländischer und Griechischer Weise durch Bewerkstelligung von Schatten vermittelst angepflanzter Bäume oder aufgezogener Zelttücher, eingerichtet hatte (ἄλσος, τέμενος), so erwarb das Hellenium nicht nur die Erlaubniß, eine Handelsniederlassung, genannt Naukratis, nebst einem Hafen an der Kanobischen Nil-Mündung, zu gründen, und die Aufseher des letztern aus seiner Mitte anzustellen, sondern es gelang ihm auch, einen wichtigen Schritt weiter zu gehn, und das Niederlagsrecht für den Platz auszuwirken. Mit großer Strenge ward auf dieses gehalten, so daß eingehende Waaren nirgend anders, als in dem genannten Hafen, gelöscht werden durften[63]. — Einer abweichenden Nachricht zufolge soll Naukratis von Milesiern erbauet worden seyn, und zwar erst nach

---

63) Herodot. II. 178. 179.

dem Sturze des Inarus[64]), der ein Sohn Psammetichs des Zweiten gewesen ist, und unter der Persischen Herrschaft gelebt hat[65]). Da hätten ja aber die Milesier Antheil an der Hafen-Aufsicht, wohl auch am Hellenium, haben müssen. — Die Bewohner von Kythera (Cerigo), geraume Zeit unter Spartanischer Herrschaft, benutzten die Lage ihrer Insel, südlich vom Peloponnesus, zu einer Waarenvermittelung zwischen Griechenland auf der einen Seite, und Aegypten und Libyen auf der andern[66]). Meistentheils aber betrieben die Griechen ihre Geschäfte mit Aegypten unmittelbar und selbstthätig.

Unter den Waaren, die aus diesem ergiebigen Lande von mehrern Griechischen Staaten, namentlich und hauptsächlich von Athen, wenn auch nicht regelmäßig, bezogen wurden, muß voran Getreide genannt werden. So oft der Attische Kornwucherer, bei Berechnung der politischen Zustände, und nach Vergleichung der Preise, zu gewinnen hoffte, zog er unter den Kornkammern Griechenlands, der Sicilischen, Libyschen und Pontischen, die Aegyptische vor[67]). — Papyrus, zu Tauen und Segeltuch, auch zu anderm

64) Strabo XVII. 1153.

65) Herodot. III. 12. VII. 7.

66) Thucyd. IV. 53 extr.

67) Demosth. adv. Dionysiod. R. p. 1285. Conf. Xenoph. de rep. Ath. II. 7.

Gewande 68), Rohr 69), Heilkräuter 70), feine Leinwand 71), machten die vorzüglichsten übrigen Waaren aus, die der Aegypter den Griechen zu überlassen hatte. Dafür lieferten ihm diese von ihren Naturschätzen solche, die in Aegypten entweder nicht fortkamen, oder nicht hinlänglich gewonnen wurden, namentlich Oel und Wein. Jenes gedieh nur sparsam 72), diesen brachte das Land früher gar nicht hervor 73). An beiden Erzeugnissen aber hatten die Griechen einen Ueberfluß, an Wein vorzüglich die Inseln. An den beträchtlichen Ladungen, die von letzterm dahin gingen 74), hatten die Lesbier vielen Antheil 75). Oel konnte Attika am meisten hinführen 76).

Mit den südöstlichen Gegenden des Mittelmeers unterhielt eben dieser Handelsstaat einen nicht unbeträchtlichen Verkehr. Selbst Phönikien hat nicht

68) Herodot. II. 92. VII. 25.
Theophrast. hist. pl. IV. 8 (9).
Hermippus ap. Athen. I. 27 extr.

69) Theophrast. l. l. IX. 7.
Plin. VI. 36.

70) Odyss. IV. 230.

71) Herodot. II. 105 extr.

72) Strabo XVII. 1163.

73) Herodot. II. 77.

74) Id. III. 6.

75) Strabo XVII. 1161 extr.

76) Plutarch. Solon. 2.

umhin gekonnt, ihm seine Häfen zu öffnen[77]. Die Phaseliten in Lykien, eine Dorische Colonie, fast so berüchtigt, wie die Phöniker der frühern Zeit, reiseten zwar selbst nach Athen[78], doch besuchten auch Attische Aktivhändler ihren Hafen[79]. Für eigene Rechnung haben die Kyprier[80], wie die Rhodier[81], Getreideladungen in den Piräus gebracht, und gegenseitig sind Kaufherrn von Athen dahin gefahren[82], vorzüglich mit Ladungen von Hymettischem Honig[83].

Ein weites und reiches Feld eröffnete sich für die Handelsthätigkeit der Griechen, seitdem sie auf Veranlassung der Persischen Kriege mit dem Innern von Asien bekannter wurden; von zweifacher Wichtigkeit, ein Mal, weil zunächst die Erzeugnisse von Lydien und Phrygien wohlfeiler auf den Griechischen Markt kamen, da die Gewinnsucht der Phöniker nicht mehr im Spiele war, dann auch, weil, mit Benutzung der durch diese beiden Landschaften führenden, bequemen Heerstraßen, die Griechen unmittelbare

77) Thucyd. II. 69.

78) Demosth. adv. Lacrit. p. 924.

79) Thucyd. l. l.

80) Andoc. de red. R. vol. IV. p. 85. 86. Conf. Xenoph. de rep. Ath. II. 7.

81) Lycurg. adv. Leocr. R. vol. IV. p. 149.

82) Demosth. adv. Dionysiod. p. 1283 seqq. Plutarchi vita Andoc., in vitis decem rhet. Reisk. IX. p. 318.

83) Theophrast. charact. V. (de blanditia).

Unternehmungen nach Persien versuchten. Das Gold des gepriesenen Lydiens ist im Alterthum fast sprüchwörtlich gewesen [84]). Ergiebige Gruben enthielt das Tmolus-Gebirg [85]); in dem darauf entspringenden Paktolus hatte sich früher viel Goldsand gefunden [86]). In dem Handel mit unverarbeitetem Golde bestand ein vorzügliches Geschäft der Sardischen Kaufmannschaft [87]). Das unechte Silber, ψευδάργυρος, das von eben daher kam [88]), könnte auf Zink gedeutet werden, wofern dieses Mineral den Alten bekannt gewesen ist, was bezweifelt wird [89]). Quecksilber kann damit nicht gemeint seyn, denn das natürliche oder gediegene kannten die Griechen unter dem Namen ἄργυρος χυτός [90]). — Der Paktolus, an dem Sardes lag, floß in den Hermus [91]); es bestand

84) Schol. Sophocl. Antig. 1019. 1037.

85) Herodot. I. 93.

86) Id. V. 101.
Ctesiae Ind., fragm. 12, ex Photii bibl.
Strabo XIII. 928.
Plin. XXXIII. 4.

87) Herodot. I. 69.

88) Strabo XIII. 908.

89) Beckmann, Beiträge zur Gesch. der Erfindungen III. 378.

90) Aristot. Meteor. IV. 8 extr.
Theophrast. de lapid. ed. Schneid. p. 702. sub fin.

91) Herodot. I. 80.
Strabo XIII. 928.
Plin. V. 29.

demnach eine Wasserverbindung zwischen dieser Hauptstadt und dem Meere, wodurch sie der Mittelpunkt großer Handelsgeschäfte zwischen Europa und Asien geworden ist 92). Der Name Asia, den sie geführt hat 93), rührt her von einem alten Beherrscher 94), und ist auf ganz Mäonien oder Lydien ausgedehnt gewesen 95); einem der Stämme, aus welchen die Bürgerschaft der Hauptstadt zusammengesetzt war, ist er geblieben 96). Den nächsten Beruf zum Handel mit Lydien, insonderheit mit Sardes, hatten Phokäa und Smyrna wegen ihrer Lage unfern der Mündung des Hermus. Unter den Staaten des Mutterlandes nahm Attika Theil 97). Was aber den Binnen- und Land-Handel Klein-Asiens betrifft, war Ephesus das Seitenstück zu Sardes: Hauptplatz für den Verkehr der Länder diesseit des Taurus 98), mit Straßen in das Innere 99).

Von Sardes führte eine solche nach Phrygien, über Kydrara auf der Gränze beider Länder, und

---

92) Ibid. et Steph. Byz. v. Ἀσία.
93) Ibid.
94) Il. II. 461.
Herodot. IV. 45.
95) Strabo XIII. 931.
96) Herodot. l. l.
97) Xenoph. de rep. Ath. II 7.
98) Strabo XIV. 950.
99) Id. XIV. 978.

über Kolossä, bis zu der großen und reichen Stadt Kelänä, am Ursprunge des Mäander [100]). Die größte aller Straßen war von Sardes nach Susa im westlichen Persien eingerichtet. Sie lief durch Phrygien, einen Theil Kappadokiens, durch Kilikien, Armenien, Medien, über den Halys, Euphrat und Tigris, bis an den Choaspes, mit ein hundert und eilf Ruhestellen und Herbergen. Neunzig Tage waren zur ganzen Reise erfoderlich [101]). Zwar zunächst für die Züge des Heers und die Reichsverwaltung bestimmt, konnte diese bequeme und sichere Straße doch auch zur Waarenbeförderung dienen.

III.

Pontischer Handel.

Wenn vorausgesetzt werden darf, was von dem Argonautenzuge überliefert worden, sei eine Collectiv-Sage, worin verschiedne sehr frühe einzelne Fahrten in die Nordischen Gewässer zusammengefaßt, und als eine gemeinschaftliche vorgestellt werden, so kann die Meinung nicht befremden, daß es nicht zunächst

---

100) Herodot. VII. 26 30. 31.
Xenoph. Anabas. I. 2. § 7 seqq.

101) Herodot. V. 52. 53.

Handelsleute, sondern auf Plünderung ausziehende Abenteurer gewesen sind [1]), die sich in jenes ferne Meer gewagt haben, das geraume Zeit als abschrekkend (Axenus) verschrieen gewesen [2]), unter so großen Lügen [3]), daß die Fahrt dahin immer als sehr gefährlich angesehn worden [4]). Darin stimmen alle Nachrichten überein, daß jene Verwegenen nicht Phöniker, sondern Griechen gewesen sind. Wie weit jene im Pontischen Norden vorgedrungen, ist zwar nicht bekannt, schwerlich aber sind sie bis in den Hellespontus gekommen. Es bleibt daher ungewiß, welche Bewandtniß es mit der für eine Phönikische Anlage ausgegebnen Bithynischen Stadt Pronektus gehabt habe [5]), und ob dieselbe mit Pränetus [6]), einem der Stadt Nikomedia schräg gegen über, am Astakenischen Meerbusen liegenden Stapelplatze, für einerlei zu halten sei. Leicht zu lösen sind folgende in einander gewirrte Angaben, die von mißverstandnen Phönikern handeln. An der Mündung des

1) Klidemus bei Plutarch. Thes. 19. hat dies umgekehrt, und Jason im Gegentheil als einen Verfolger der Seeräuber dargestellt.

2) Pindar. Pyth. IV. 203.

3) Polyb. IV. 42 extr.

4) Cic. Tusc. I 20.

5) Steph. Byz. h. v.

6) Socrat. hist. eccl. VI. 16. Plin. V. 32.

Tyras (Dnjestr) hat ein Ort, Namens Ophiusa, gelegen, der aber auch nach dem Flusse (Tyras) benannt worden 7), wie eben dies bei Tanais und Phasis der Fall ist; aller Wahrscheinlichkeit nach eine der vielen Milesischen Colonien 8). Unbekannt mit diesem Ursprunge, und verleitet durch die Aehnlichkeit des Namens, hat man an den Ausfluß des Tyras eine Tyrische Niederlassung gebracht 9). Hieraus ist wahrscheinlich eine andere Sage entstanden, der zufolge ein Tyrier, Phineus (ein häufiger mythischer Name), im Pontus eine Herrschaft ausgeübt haben soll, von wo ihn die Milesier verdrängt hätten 10).

Große Ungewißheit herrscht in Ansehung der Zeit der ersten kühnen Versuche, den wilden Strömungen zwischen so vielen Felsen-Inseln, Landspitzen und Vorgebirgen, den heftigen, oft wechselnden Stürmen, den dicken Nebeln, Trotz zu bieten, und durch den furchtbaren Hellespontus weiter und weiter vorzurücken. Die Argonautensage muß zu Homers Zeit schon bestanden haben, denn in der Odyssee werden Jason, das Schiff, und Aeetes erwähnt 11), nur ohne Angabe der nördlichen Richtung des Zugs.

---

7) Plin. IV. 12.

8) Peripl. ponti Euxini, ap. Huds. p. 9.

9) Ammian. Marcell. XXII. 8. sub fin.

10) Scymn. Chius 216 seqq. p. 55.

11) Odyss. XII. 70. 73.

Da jedoch auf diese in allen spätern Anführungen hingewiesen wird, so ist nicht zu bezweifeln, daß von Anbeginn kein anderes Ziel vorgeschwebt habe. Es würde sich aber eine Spur von Ansiedelungen im Pontus bei Homer finden, wenn Kytorus [12]) in Paphlagonien unbedenklich auf die später vorkommende, gleichnamige Griechische Stadt [13]), eine Waaren-Niederlage von Sinope [14]), zu deuten wäre. In den Werken des Hesiodus ist schon im Allgemeinen eine gewisse Kenntniß dieser nördlichen Gegenden dargelegt: es treten die Skythen auf [15]), der Istrus und Phasis werden genannt [16]), Tauris angedeutet [17]). Wohl nicht viel spätern Ursprungs ist ein Gedicht von Eumēlus gewesen, worin Kolchis genannt wird [18]). Hat es mit der Erzählung von Anacharsis seine Richtigkeit, der zu Solons Zeit nach Griechenland gereiset und bis nach Athen

---

12) Il. II. 853.

13) Scylax p. 34. Klausen p. 215.

14) Strabo XII. 820.

15) Fragm. ex μεγάλαις Ἠοίαις, ap. Schol. Apoll. Rhod. II. 181.
Fragm. ap. Strabon. VII. 460 C.

16) Theog. 339. 340.

17) Fragm. ex καταλόγῳ γυναικῶν, ap. Pausan. I. 43. §. 1.
Conf. Theog. 1020. 1021.

18) Schol. Pindar. Ol. XIII. 74. ap. Böckh. II. 1. p. 278.
Tzetz. ad Lycophr. 174.
Conf. Pausan. II. 1. §. 1. IV. c. 4. §. 1. et c. 33. §. 3.

gekommen seyn soll [19]), so ist diese Befreundung der Skythen mit den Griechen und ihrer Sprache aus der Verheirathung Skythischer Großen mit Pontischen Griechinnen [20]) zu erklären. Daher haben Choerilus [21]) und noch mehr der frühere Aeschylus [22]) von diesem Volke und Lande Manches erfahren; außer den Skythen und Kolchis kennt der letztere auch den Kaukasus, mit seinen Eisenwerken, und sogar die Mäotis [23]). Sprüchwörtlich hat jedoch als letztes Ziel aller Schifffahrt nach dem Pontischen Norden der Phasis gegolten [24]). Mit Herodot beginnt in so fern eigentlich die Kunde dieser Gegenden, als er einige davon selbst gesehn hat, und die Dinge nicht mit der Willkühr des Dichters darstellt; wiewohl es nicht seine Sache ist, die an Ort und Stelle aus dem Munde des Haufens gesammelten Nachrichten einer Sichtung und Prüfung zu unterwerfen. Die Fahrt vom Thrakischen Bosporus bis an den Phasis schlägt er zu neun Tagen und acht Nächten an [25]);

---

19) Herodot. IV. 76. 77.
Ephorus ap. Strabon. VII. 464.
Aelian. var. hist. V. 7.
Diog. Laert. I. 8. §. 3.

20) Herodot. l. l. et Diog. Laert. §. 1.

21) Ap. Strabon. l. l., Naeke p. 121 seqq.

22) Prometh. vinct. 2 et 712 (709).

23) Ibid. 301. 415—422. 722 (719). 734 (731).

24) Strabo XI. 761.

25) Herodot. IV. 86.

die Rhodier haben in der spätern Zeit nur zehn Tage von der Mäotis bis in den Hafen ihrer Hauptstadt gebraucht [26]).

Allen Ueberlieferungen zufolge sind Megarer und Milesier die ersten gewesen, die festen Fuß an den Küsten der Propontis und des Pontus gefaßt haben. Jene, wahrscheinlich ausgewanderte Mißvergnügte, und nothgedrungene Seeräuber, haben an geeigneten Stellen ihren Streifereien ein Ziel gesetzt, und die Lage ihrer Niederlassungen zu einem Küstenverkehr benutzt. Die Milesier dagegen scheinen, sobald die Bahn gebrochen war, Entdeckungsreisen unternommen zu haben, und von Anbeginn darauf ausgegangen zu seyn, Lagerplätze für den Handel dahin einzurichten; wobei der günstige Erfolg sie ermuthigt hat, bis an den Tanais vorzudringen. Anfänglich, als solche Ansiedelungen noch nicht befestigt waren, ist auch geschehn, daß beide Völkerschaften sich gegenseitig verdrängt haben; woraus die Verschiedenheit in den Angaben über die Urheber mancher Colonien, namentlich von Heraclea und Byzantium, zu erklären ist. Jene, an der Nordküste von Bithynien, im Lande der Mariandynen, ist zuerst von Milesiern als geeigneter Stapelplatz erkannt und gegründet [27]),

26) Agatharchides ap Huds. I. 48.

27) Strabo XII. 816.
Welcker prolegg. ad Theogn. p. XVIII.

dann aber von übermächtigen Megarern, in Verbindung mit Böotern, insonderheit Tanagräern, besetzt worden [28]), worauf es sich zu einem stark besuchten Hafen ausgebildet hat [29]). Von keiner Niederlassung sind die Nachrichten über die Urheber so abweichend, wie von Byzantium. Hier dürfte der entgegengesetzte Fall Statt gehabt haben, daß nämlich die erste Anlage von Megarern gemacht [30]), die aber von Milesiern verdrängt worden [31]): wonach die Angaben, die den Ort entweder zu einer Attischen [32]), oder zu einer Lakedämonischen [33]) Colonie machen, wenn sie nicht ganz wegfallen sollen, nur so zu verstehn sind, daß sich diese an eine der beiden ersten Auswanderungsgesellschaften angeschlossen haben. — Als unstreitige Megarische Niederlassungen sind bekannt: Astakus, nicht weit von Nikomedien in Bithynien,

---

28) Xenoph. Anabas. V. 10. §. 1. (VI. 2).
Scymni Chii fragm. 230: Huds. II. 56.
Diodor. XIV. 31.
Pausan. V. 26. §. 6.
Arrian. peripl. ponti Eux.: Huds. I. 14.
Schol. Apoll. Rhod. II. 748. 847.

29) Xenoph. Anabas. V. 6. §. 10 extr.

30) Scymn. Chius 715.
Diodor. IV. 49.

31) Vellei. Paterc. II. 15.

32) Ammian. Marcell. XXII. 8.

33) Justin. IX. 1.

unter Theilnahme von Athenern angelegt [34]), Kalchedon [35]), Selymbria, an der Südostküste von Thrakien, und an der Propontis [36]), Mesembria, an der Nordostküste, südlich von Odessus [37]). Die drei ersten sind gegen den Ablauf des siebenten und während des sechsten Jahrhunderts gegründet, die letzte zur Zeit des Darius.

An Betriebsamkeit aber und an Kühnheit der Handels-Entwürfe, an umfassendem Eifer, zum Behufe derselben Stapelplätze und Waaren-Ablager in fernen Ländern einzurichten, haben die Milesier bei weitem den Vorzug gehabt. Sie hatten vor den Megarern den Vortheil voraus, daß sie, vermöge der Lage ihrer Mutterstadt, mit dem Innern von Klein- und Vorder-Asien in Verbindung standen, und mit den dortigen Handelswegen bekannt waren. Wenn daher die Zahl der von Milet überhaupt gegründeten Colonieen auf fünf und siebenzig bis achtzig angegeben wird [38]), so kann dies um so weniger

34) Strabo XII. 844.

35) Id. VII. 493. XII. 843.

36) Scymn. Chius 714.

37) Id. 738 seqq.
Strabo VII. 491.

38) Senecae consol. ad Helviam 6 post med.
Plin. V. 29.
Rambach, de Mileto ejusque coloniis. Halae 1790. p. 31 seqq.

in Verwunderung setzen, als mit Wahrscheinlichkeit anzunehmen ist, daß darin auch die mittelbaren, die von Milesischen Töchteranstalten gestifteten, begriffen sind, wie namentlich Trapezus von Sinope 39), Anchiale von Apollonia 40), Kalatis und Chersonesus von Heraklea 41), angelegt worden. Das allmähliche Vorrücken der Milesier in den Nordischen Gewässern bis an deren äußerstes Ende ist zu vergleichen mit einer Stufenleiter, wie noch im vorigen Jahrhundert die Reihe von Handelsniederlassungen der Franken in der Levante so genannt worden ist. Es wird genügen, nur einige, wegen ihrer Lage oder ihrer Vorzüglichkeit, auszuheben.

Zuvörderst Abydus, am Eingange in die Propontis 42). Lampsakus, weiter hinauf, ist irrig für eine Phokäische Anlage gehalten worden 43), wie auch

Unter den sieben und vierzig, die hier aufgezählt werden, befinden sich einige, die als zweifelhaft angesehn werden müssen, namentlich Kolophon, Perkope, Gargara.

39) Xenoph. Anabas. IV. 8 §. 22.
Diodor. XIV. 30.
Arrian. peripl. ponti Eux. Huds. I. 1.

40) Strabo VII. 491.
Conf. Scymn. Chius 729.

41) Strabo XII. 817.

42) Id. XIII. 879 A. 884 B. extr.
Athen. XII. 5. p. 524 F.

43) Ephorus ap. Steph. Byz. v. Ἄβαρνος.

Amisus 44). Wenn gleich die Phokäer, durch die nördlichere Lage ihres Gebiets veranlaßt, mehr, als die Milesier, ihr Augenmerk auf den Pontus hätten richten können, so ist doch bekannt, daß sie ihre Thätigkeit ungetheilt den Küstenländern und Inseln des Mittelmeeres, hauptsächlich den westlichen, zugewendet haben. Sowohl Lampsakus, als Amisus, ist von Milesiern gegründet worden, bei diesem sind jedoch Attische Ansiedler hinzugekommen 45). In den Niederlassungen zu Prokonnesus 46), und auf Kyzikus 47) sind die Fortschritte des Milesisch-Pontischen Handels zu erkennen. Endlich die Reihe der Pflanzstädte in den Umgebungen des eben so gefürchteten, als wegen seiner eigenthümlichen Naturschätze viel befahrnen Meeres. Die wichtigsten an den östlichen, nördlichen und westlichen Küsten waren folgende. Phasis, an der Mündung des gleichnamigen Flusses, erheblich wegen des Waarenzugs über den Rücken des Kaukasus 48); — Dioskurias, später genannt Seba-

---

44) Scymni Chii fragm. 181. 182. p. 53.

45) Strabo XII. 823. XIII. 881.
Arrian. peripl. ponti Eux. p. 16.

46) Strabo XIII. 879.

47) Id. XIV. 941 extr.
Vellei. Paterc. II. 15.
Plin. V. 32.

48) Scylax, Huds. p. 32. Klausen p. 212.
Strabo XI. 761. 762.

stopolis, weiter nach Norden, einer von den am meisten besuchten Pontischen Häfen 49), so wie Tanais, an der Mündung des gleichbenannten Flusses 50); — Pantikapäum an der Ostküste der Taurischen Halb-Insel, eben so bedeutend 51); — Theodosia, ebendaselbst, weiter südlich 52); — Olbia oder Borysthenes, an der Mündung dieses Flusses, oder eigentlich an der, des Hypanis in denselben 53); — Odessus, an der Nordküste von Thrakien 54).

Es kömmt nun zunächst auf eine Uebersicht der Nordischen Waaren an, deren Vertrieb für die vielen Gefahren, Anstrengungen und Auslagen Entschädigung gewährte. Sie bestanden in lauter Natur-Erzeugnissen, die in Griechenland, bei dessen örtlicher

49) Arrian. peripl. ponti Eux. 11. 18.
Heraclid. Pont. ed. Köler. XVIII. p. 14.
Strabo XI. 761.
Scylax l. 1.
Plin. VI. 5.

50) Strabo XI. 755.

51) Id. VII. 475. 476. X. 757.
Plin. IV. 12, sub fin.: „Panticapaeum Milesiorum."
Ammian. Marcell. XXII. 8: „Milesiae civitates, harumque velut mater Panticapaeum."

52) Arrian. l. l. p. 20.

53) Dion. Chrysost. orat. XXXVI. init.
Strabo VII. 470.
Steph. Byz. v. Βορυσθένης.

54) Strabo VII. 491.
Plin. IV. 11: „Odessus Milesiorum."

und klimatischer Beschaffenheit, entweder nicht so kräftig, oder nicht hinlänglich gediehn, den Griechen aber für ihre Schifffahrt und ihre gesammten Lebensverhältnisse unentbehrlich waren. In geringerer oder größerer Entfernung kamen sie aus dem großen Länderbogen vom Kaukasus bis an den Hämus, worin die zum Theil größten Europäischen Stromgebiete liegen, die, des Tanais, Borysthenes, Hipanis, Tyras und Istrus, deren Scheidungen in waldigen Gebirgszügen bestehn. Durch die beiden genannten Gebirgs-Stämme, den östlichen und den westlichen, wird jenes geographische Ganze abgeschlossen, das die frühern Griechen, aus Mangel an Kenntniß der verschiednen Völkerschaften und ihrer Sprachen, unter dem unbestimmten allgemeinen Namen des Europäischen Skythenlandes begriffen haben [55]), der dann, bei Verbreitung einiges Lichts der Erdkunde, immer nördlicher gerückt worden.

Die vielen Waldungen dieses Inbegriffs von Ländern brachten viele Handelsgegenstände hervor, die auf den genannten Strömen hinab gingen, und weiter in die Häfen der Coloniestädte geführt wurden.

---

55) Herodot. IV. 17—20. 47. 48. 51—57. 99—101. (Nach der neuern Erdbeschreibung das südliche Europäische Rußland, das südöstliche Litthauen, Polesien, Wolyn, Podol, Bessarabien, Bukowine, Moldau, Walachei. Die Gestalt von Skythien, wie sie Herodot sich irrig gedacht hat, kömmt hier nicht in Betracht).

Starke Ladungen theils von Schiffsbedürfnissen, als Mastbäumen, Balken, Planken, Theer, wovon die Versendung größtentheils über Pantikapäum geschah; theils von Honig und Wachs, da jenes wegen seines scharfen Beigeschmacks beliebt war; theils endlich von Pelzwerk, und von Fellen für die Griechischen Gerbereien. — In andern Gegenden war ebnes Land, ergiebig für den Feldbau und die Viehzucht: daher sehr viel Getreide, vornehmlich in dem Landstriche zwischen Theodosia und Pantikapäum; ferner Flachs, Hanf, Schafwolle, Pferde, Häute zu Schläuchen 56). — Betreffend insonderheit das Schiffbauholz, kamen nach Athen starke Ladungen aus Thrakien und Makedonien, großentheils über Amphipolis 57).

Die vorzüglichste aber von allen aus dem Pontus nach Athen gehenden Einfuhren bestand in Getreide 58); denn die Erfahrung hatte gelehrt, daß die Nordische Frucht sich länger aufbewahren ließ, als

---

56) Xenoph. Anabas. VI. 2 (4) §. 4: Schiffbauholz.
Demosth. adv. Phorm. p 910: Häute.
Id. adv. Lacrit. p. 934: Wolle, Eingesalzenes, Ziegenfelle.
Polyb. IV. 38: verschiedne Waaren.
Strabo VII. 476. 478. XI. 755. 762: desgleichen.

57) Thucyd. IV, 108.
Xenoph. Hellen. VI. 1. §. 4.
Demosth. adv. Timoth. 1192. 1194.

58) Id. adv. Lept. R. p. 466.

die aus wärmern Ländern bezogene [59]). Dieser Verkehr, von vieler Wichtigkeit, wegen der bedenklichen Ueberbevölkerung des Staats, und der Verwöhnung und Rohheit des großen Haufens, verursachte der Regierung manche Sorgen, und dem eifersüchtigen Handelsstande Verdruß, wohl auch Verluste. Es bedarf nämlich kaum der Erwähnung, daß wegen der früh bekannten Menge und Vorzüglichkeit des Pontischen Getreides an Concurrenz in der Ausfuhr es nicht gefehlt habe. Die Schiffe, auf denen schon in den Perserkriegen Ladungen nach Aegina und dem Peloponnesus gingen [60]), sind wahrscheinlich Aeginetische gewesen; wenigstens läßt sich in der Ortschaft Aeginetes an der Südküste des Pontus, westlich von Sinope [61]), eine Niederlassung dieses betriebsamen Inselvolks vermuthen, woraus ein Pontisch-Peloponnesischer Zwischenhandel desselben folgen würde. Zur Beförderung der Getreide-Zufuhr aus dem Pontus schloß Athen einst mit dem Skythischen Häuptlinge Leukon einen Handelsvertrag, dem zufolge den Attischen Kaufleuten in dem Gebiete Leukons, außer dem Vorrange im Ankaufe und der Befrachtung, auch die zollfreie Ausfuhr, und gegenseitig den Untergebnen

---

59) Aristot. Problem. XIV. 2, ed. Bekker p. 909 A.

60) Herodot. VII. 147.

61) Arrian. peripl. ponti Eux. p. 15. Steph. Byz. v. *Αἰγινήτης*.

des Skythischen Fürsten ebenfalls die Zollfreiheit, nebst gewissen Theilen des Bürgerrechts, zugesichert wurden [62]). Ein schlimmer Umstand aber für den Verkehr mit dem Pontus war die Meer-Enge zwischen Byzant und Kalchedon. Wer konnte den Byzantiern wehren, einen Sundzoll zu fodern! Daher sind sie auch von dem hochfahrenden Athen mit möglichster Rücksichtlichkeit behandelt worden [63]). Das Aergste traf zuweilen diesen Staat in Zeiten der Getreidenoth. Unbekümmert um Völkerrecht und öffentliche Meinung, lauerten dann die Byzantier und Kalchedonier, mit unter auch die benachbarten Kyzikener, den Getreideschiffen auf, und erpreßten die Ladung für einen selbstgesetzten geringen Preis [64]).

Mit Uebergehung der Sklaven, deren schon oben, in einem mehr geeigneten Zusammenhange, gedacht worden, ist noch eine der häufigsten Pontischen Ausfuhrwaaren zu erwähnen. In Salzfischen bestand eine häufige Nahrung des ärmern gemeinen Mannes in Griechenland; große Vorräthe konnte der Norden davon liefern. Sowohl der Hellspontus, die Propontis, und der Pontus [65]), waren fischreich, als

62) Demosth. adv. Lept. l. l.

63) Xenoph. Hellen. IV. 8. §. 27.
Demosth. de corona 255.
Id. adv. Lept. 475.

64) Id. adv. Polycl. 1207 extr.

65) Aristot. hist. animal. VIII. 19.

auch die Mäotis, vorzüglich um die Mündung des Tanais [66]). Thunfische, Barben und Störe sind am meisten daselbst einheimisch gewesen [67]). Auf das Einsalzen haben die Küstenbewohner schon dadurch geführt werden müssen, daß in jenen Gegenden, hauptsächlich bei Dioskurias, Siedereien von Seesalz einen einträglichen Erwerbzweig ausmachten [68]), dessen Erzeugniß nicht nur als Handelswaare ausgeführt, sondern auch zum Einsalzen der Fische gebraucht wurde [69]). Pontischer Kaviar, oder mit Salz und Essig eingemachter Rogen vom Thunfisch und Stör, gehörte ebenfalls zu den Gegenständen der Ausfuhr [70]).

Avienus 465. 717..
Eustath. ad Il. I. 206. Romae p. 88. Lips. I. p. 74. v. 38.
Peripl. ponti Eux. ap. Huds. I. p. 9 extr.

66) Strabo VII. 478. XI. 755.

67) Aristot. l. l. VI. 17.
Strabo XII. 826.
Athen. I. p. 27. E. III. p. 116 F.
Cantacuzenus l. IV. Paris. p. 812.
Ruysbroek (a. 1253) ap. Bergeron. p. 2.

68) Strabo XI. 772.
Dion. Chrysost. orat. XXXVI., ed. Reisk. II. 75.
Constantin. Porphyrog. de administr. imperio c. 42, ed. Meurs. p. 131, et in Banduri imper. orient. Venet. I. 92.

69) Demosth. adv. Lacrit. 933. 934.
Strabo XI. 755.
Athen. III. 30. p. 117.
Pollux VI. 49.

70) Athen. IX. 1. p. 366: „γάρον, ὀξύγαρον."

Ein kurzer Versuch über die Gewinnung des Goldes in Kolchis und in einem weiter nördöstlich liegenden Lande macht den Schluß des Verzeichnisses der Pontischen Waaren. Je dunkler die Zeit, und je entlegener die Wildniß, in welche die Sage, die sich dieses Gegenstandes bemächtigt hat, zurückgeht, desto freier der Spielraum für eine wuchernde Einbildungskraft. Es hat in diesem Alpenlande Goldgruben und Goldwäschen gegeben. Viele Quellen führten Goldflitterchen mit sich, die von den Bewohnern der Thäler in dickwolligen Fellen aufgefangen wurden 71). Die Griechen aber sind weniger wohl des Pelzhandels wegen, als um Gold einzuhandeln, über den Tanais hinaus, weiter nach Nordosten gereiset 72), bis an das große Kettengebirg des Ural. Von einer bergmännischen Bearbeitung der in demselben vorhandnen Goldablagerungen, aus denen jetzt eine reiche Ausbeute gewonnen wird 73), findet sich

Aeschylus ap. Athen. II. 25. p. 67.
Plin. XXXI. 7 extr.
Conf. Strabo III. 239 C.

71) Strabo XI. 763.
Appian. bell. Mithridat. 103, ed. Schweig. I 797.
Plin. XXXIII. 3: „in Colchis, in Sannorum gente" (conf. Arrian. peripl. ponti Eux. ap. Huds. I. 11) „et „alioquin velleribus aureis inclyto regno."

72) Herodot. IV. 21—24, conf. 25 extr.

73) Von Ungern Sternberg, Geschichte des Goldes. 1835. S. 56.

im Alterthum keine Spur; weshalb es nicht Grubengold, sondern Goldsand gewesen zu seyn scheint, wodurch diese nordöstliche Gegend altberühmt war[74]), und der noch jetzt in den Thälern häufig vorkömmt[75]). In den sagenhaften Erzählungen von diesem Lande verdienen die Greiffen[76]) am wenigsten Beachtung; auch das Kolchische Goldfell hat seinen Hüter an einem Drachen[77]); wie überhaupt in der morgenländischen und Griechischen Religions- und Sagen-Lehre die Bewachung köstlicher Schätze und heiliger Orte durch Drachen, Greiffen, Sphinxe, Cherubim, etwas Gewöhnliches ist. Der Weg in das Land des von Greiffen bewachten Goldes nahm den Anfang auf der Ostseite des Tanais, und ging im Allgemeinen in nordöstlicher Richtung, durch ebnes Land, bis an den Fuß eines hohen Scheidungsgebirgs[78]). Der Zeichnung des Wegs zufolge ist in diesem der Ural

---

Alexanders von Humboldt, Ehrenbergs, und Rose's Reise nach dem Ural, u. s. w. Berlin 1837. Erster Band, von Rose. S. 176 ff. 220 ff.

74) Strabo I. 77.

75) Rose, in Poggendorfs Annalen, Bd XXXI. S. 673 ff. A. v. Humboldt: Ueber die Schwankungen der Goldproduction. In der zu Stuttgart und Tübingen herauskommenden Deutschen Vierteljahrs-Schrift, Oktober — December 1838. S. 22 ff.

76) Herodot. IV. 13. 27.

77) Apoll. Rhod. II. 407 (405).

78) Herodot. IV. 21 init. 22 extr. 23 init.

nicht zu verkennen. Oestlich jenseit desselben lag das Land der Issedonen, und nördlich daneben ein anderes, worin Gold 79): lauter Angaben, die in die Gegenden des genannten Gebirgs führen, nicht aber in die, des viel zu weit östlich liegenden Altai. Weiter, als bis an den westlichen Abhang des Ural, sind die Griechen nicht gekommen 80).

Wegen ihres Reichthums an goldhaltigem Sande 81) hat auch im innern Asien eine Landschaft in großem Rufe gestanden; sie zu erwähnen gehört nur in so fern hierher, als die Bemerkung nothwendig ist, daß sich bis dahin die Handelsreisen der Pontischen Griechen nicht erstreckt haben, und für diese Meinung durchaus kein Zeugniß vorgebracht werden kann. Die Straße dahin ist immer durch Persien gegangen. Drei Merkmale werden von der Lage angegeben, woraus dieselbe deutlich zu erkennen ist: nördlich vom eigentlichen Indien; sandig; und die Bewohner haben mit den Baktriern fast gleiche Gewohnheiten 82). Offenbar der nördliche Theil der heutigen großen Bucharei, das alte Sogdiana, im Norden des Oxus (Amu), und davon genannt Transoxiana, neben dem westlich angränzenden Lande der Chawaresmier 83),

79) Herodot. IV. 25. 27. Conf. III. 116.
80) Id. IV. 24.
81) Id. III. 102 seqq.
82) Ibid. 102.
83) Id. III. 93. 117.

dem heutigen Charesm, und dem im Süden des Flusses liegenden Lande Balk, dem alten Bactriana.

So weit diese Uebersicht der aus dem Pontus in Griechenland eingeführten Waaren. Was die Griechen dafür an die Nordischen Völker absetzten, bestand zum Theil in Dingen, wozu diese den rohen Stoff lieferten, den sie dann verarbeitet zurück erhielten, in Leder, Leinwand, Wollenzeugen, Metallgeräth. Hierzu kam einiger Zwischenhandel mit feinen Gewändern, die aus Klein-Asien bezogen wurden, und die Lüsternheit der Skythischen Herrn erregten. Bei weitem aber der größte Theil der nach dem Pontus verschifften Güter bestand in dem Ertrage des Wein-, Oel- und Obst-Baues, den das Klima so sehr begünstigte [84]). Der Weinhandel gehörte zu den vorzüglichen Geschäften der Athener; beträchtliche Ladungen wurden in Menda und Skiona auf der Makedonischen Halb-Insel Pallene, und auf verschiednen Inseln, als Peparethus, Kos, Thasus, eingenommen [85]). — Von einem Handel mit Büchern, den Griechenland, insonderheit Athen, nach den Pontischen Häfen getrieben hätte, kann nicht die Rede seyn.

---

84) Polyb. IV. 38.
Strabo XI. 755.

85) Demosth. adv. Lacrit. 926. 929. 933—936.

Wenn bei Ausübung des Strandrechts in der Gegend von Salmydessus, nicht fern von Byzantium, die anwohnenden Thraker unter anderm Hausgeräth der gescheiterten Schiffe auch Bücher aufgefangen haben [86], so sind darunter nicht solche Handschriften zu verstehn, die eine Waare ausgemacht hätten, als nach welcher wohl bei den rohen Skythen keine Nachfrage gewesen ist, sondern entweder Pergamentblätter zu den Rechnungsbüchern der Pontisch-Griechischen Kaufleute, oder, wenn es wirkliche Schriften gewesen sind, was jedoch weniger glaublich ist, so sind sie für Männer bestimmt gewesen, welche Sinn hatten, sich in Stunden der Muße mit etwas Edlerm zu beschäftigen.

---

86) Xenoph. Anabas. VII. 5. §. 14.

Dritter Theil.

Handelsverfassung.

I.

Beaufsichtigung des Handels.

„Ein betriebsamer und dabei ehrlicher Kaufmann „gehört zu den Wunder-Erscheinungen:“ das sagt der erste Mann der Griechen seiner Zeit, und er hat dabei das erste Volk Griechenlands im Auge [1]). Von Trug und Ueberlistung enthalten seine gerichtlichen Reden der Beispiele nicht wenige. Soll ohne Einseitigkeit Athen die Zierde von Hellas, und Hellas die Zierde der alten Welt, genannt werden, so entscheidet nicht ausschließlich die Höhe, die der Redner und Geschichtschreiber, der Denker, Dichter und Künstler, erstiegen; auch der Mensch, und die ewigen Foderungen der Sittlichkeit und des Rechts, kommen wesentlich in Betracht. Wenn nun der Grad von Treue und Glauben, der im Großhandel eines Volks,

---

1) Demosth. pro Phorm. p. 957 extr.

und auf wichtigen Handelsplätzen selbst im kleinen Verkehr, Statt findet, als Maßstab seiner Versittlichung gelten kann, so ist zwischen den Griechen und Phönikern kein sonderlicher Unterschied gewesen. Der Diebeshafen bei Athen, wo betrügerische Schiffer heimlich landeten, um den Zoll zu umgehn [2]), und der Lügnermarkt, wo gestohlne Sachen feil geboten wurden [3]), wenig verschieden vom Gaunermarkte [4]), sollen jedoch nicht geltend gemacht werden: denn noch zweitausend Jahre später, bei so großem Vertrauen auf Ehrlichkeit der Großhändler, und auf Gerechtigkeit der Handelsgerichte selbst in fernen Ländern, worauf sich der umfassende Commissionshandel gründet, fehlt es doch nicht an Schleichhändlern, noch an Schlupfwinkeln eines wucherlichen, schmutzigen Kleinhandels.

Daß es in Athen dringendes Bedürfniß war, dem allzu wilden Eigennutz, der ehrlosen Behandlung der Einheimischen und Fremden, zu steuern, hat die Regierung begriffen; nur haben die Verbote wenig

---

2) Id. adv. Lacrit. 932. 15. — 942. 4.

3) Hippocrat. de morbis vulgar. l. III. sect. II. aeger VIII. Ed. Kühn. T. III. p. 477: „ψευδέων ἀγορά."
Galeni comment. I. in hunc Hippocratis librum III. In utriusque opp. ed. Charter. Paris. T. IX. p. 200.

4) Eustath. ad Odyss. II. 7. Lips. I. p. 77. Romae p. 1430 med.
Hesych. v. ἀγορὰ Κερκώπων.

gefruchtet. Es ist nämlich nicht zu verwundern, daß die hierzu angestellten Polizeibeamten, ungeachtet ihrer beträchtlichen Zahl, das unbändige Marktvolk wenig im Zaume zu halten vermochten: in dem jährlichen Wechsel der obern, wie der niedern Behörden, bestand der Krebsschaden der Verwaltung. Da konnte kein folgerechtes, beharrliches Verfahren, kein Nachdruck der vollziehenden Gewalt, Statt haben. Bei den meisten zur Aufsicht über den Verkehr in Athen angeordneten Aemtern bestand die Einrichtung, daß die Bürger, die dazu durch das Loos bestimmt worden, in zwei Abtheilungen zerfielen, deren eine in der Stadt selbst das Geschäft verwaltete, die andere im Hafen. Auf dem städtischen Marktplatze durften nur Bürger ihre Waaren zum Verkaufe auslegen; die Fremden waren auf den, im Hafen, gewiesen [5].

Zwanzig Aichmeister, μετρονόμοι, hatten für die Richtigkeit des Maßes und Gewichts zu sorgen, fünfzehn in der Stadt, fünf im Hafen [6].

---

5) Demosth. adv. Eubul. 1308 extr.

6) Harpocr. h. v.

Nach Phot. h. v., und Bekker. anecd. p. 278, zusammen nur zehn, wovon die Hälfte in der Stadt, die andere im Hafen.

Vergl. Böckh Staatshaushalt. I. 52. 53, und II. 341 ff.

Ferner: Meier und Schömann, Attischer Proceß. S. 89.

Gesetzliche Bestimmungen hierüber haben unstreitig in allen irgend bedeutenden Städten bestanden; im Peloponnesus soll Phidon zuerst den Gedanken einer solchen Maßregel gehabt haben 7).

Eben so viel Marktmeister, ἀγορανόμοι, wovon ebenfalls fünfzehn in der Stadt, fünf im Hafen, sollten, mit Ausnahme des Getreides, über den Verkauf aller übrigen Lebensmittel die Aufsicht führen, daß nicht nur der Vorrath stets hinreichend, und die Beschaffenheit gut, sondern auch die Preise billig wären, und Ehrlichkeit im Marktverkehr herrschte 8).

Eben so viel Getreide-, Mehl- und Brodt-Beamte, σιτοφύλακες, und eben so vertheilt, wie die vorigen, hatten in Beziehung auf dieses erste Bedürfniß die eben aufgezählten Obliegenheiten; ein Geschäft, das für so angelegentlich erachtet wurde, daß sie besondere Bücher darüber führten 9).

---

7) Herodot. VI. 127.

8) Lysias adv. frumentar. Reisk. p. 722.
Demosth. adv. Timocr. p. 735.
Aristot. ap. Harpocr. h. v.
Theophrast. ap. Phot. v. κατὰ τὴν ἀγορὰν ἀψευδεῖν, p. 124.

9) Demosth. adv. Lept. R. p. 467.
Lysias l. l.
Aristot. ap. Harpocr. h. v.
Photii lex., et Bekkeri anecd. p. 300.

Verschieden von ihnen waren die **Verpflegungsbeamten**, *σιτῶναι*, welche die von der Regierung unterhaltnen Getreide-Niederlagen verwalteten [10]).

Es mußte allen diesen Polizeibeamten eine gewisse Strafgerichtsbarkeit zustehn, die keine weitere Rechtsberufung zuließ. Für die bürgerlichen Handelsstreitigkeiten bestanden zwar gewisse Gerichtshöfe; es muß aber mit empfindlichem Nachtheil verknüpft gewesen seyn, daß, da in dem Attischen Verkehr, der fast allein zur See getrieben wurde, das meiste Leben in den Sommermonaten herrschte, die Handelsgerichte während dieser Zeit geschlossen waren, damit für die Parteien keine Störung in den Reisen verursacht würde. Nur im Winter, vom Ende des Boëdromium, bis zum Anfange des Munychium, hatte monatlich eine Gerichtsversammlung Statt, wozu jedes Mal die Besitzer durch das Loos bestimmt wurden [11]). Früher muß die Verzögerung der Rechtspflege in Schifffahrts- und Handels-Sachen

10) Demosth. de corona p. 310.
Conf. adv. Phorm. 918. 8.
Pollux. VIII. 114.
Phot. h. v.

11) Demosth. adv. Apatur. p. 900. 4. 5.
Id. adv. Pantaen. p. 966.
Pollux VIII. 63.
Harpocr. v. *ἔμμηνοι δίκαι*.

noch größer gewesen seyn, da selbst nicht während des Winters regelmäßig jeden Monat ein Gericht zusammengetreten war [12]).

II.

Beschränkung der Handelsfreiheit.

„Verba valent sicut nummi," kann es bei Attika heißen, wenn dieser Staat in der Zeit der ausgelassenen Demokratie noch Freistaat genannt wird. In keinem des Alterthums hat wilde Gewalt eines vielköpfigen Tyrannen so tiefe Eingriffe in das Privatvermögen und das bürgerliche Gewerbe gewagt, wie es hier geschehn ist, wo in der Behörde, von der die Vorschläge zu neuen Gesetzen ausgingen, gewöhnlich einige Sachführer schalteten, die sich während ihrer fünf und dreißig tägigen politischen Bedeutsamkeit bei dem großen Haufen beliebt machen wollten. Daher ist die den Handel betreffende Gesetzgebung weit über die Schranken einer Beaufsichtigung hinaus gegangen. Ueberdies verrathen die in das Getreidewesen einschlagenden Maßregeln eine gewisse Verzweiflung, dadurch hervorgebracht, daß eine solche Unzahl von Sklaven gefüttert werden mußte.

12) Demosth. de Halonneso R. p. 79.

Schon das strenge Verbot der Ausfuhr des Getreides ist schwer zu rechtfertigen; unerhört aber ist, daß den Bürgern aller Zwischenhandel damit untersagt, und mit Androhung der schärfsten Strafen befohlen war, auf keinen andern Platz, als nach Athen, Getreide zu führen [1]). Selbst Ausländer, die damit in den Piräus einliefen, sollten gehalten seyn, zwei (Drit-) Theile davon loszuschlagen, so daß sie nur einen wieder mit hinaus nehmen durften [2]). Den Angebern von Uebertretungen war ein gewisser Antheil an der Straffumme zugesichert [3]). Im Kleinhandel sollte über ein gewisses gesetzlich bestimmtes Maaß (fünfzig Körbe) nicht auf ein Mal aufgekauft, und bei dem Verkaufe ein festgesetzter Preis nicht überschritten werden [4]). Fast waren aber diese eben so unklugen als harten Verfügungen nur ein Stachel für den Kornwucher, der so weit, wie hier, in keinem Staate gegangen ist. Die zehn Hafenmeister, die für die Befolgung der Gesetze stehn sollten [5]),

1) Demosth. adv. Phorm. 918.
Id. adv. Lacrit. 941.
Lycurg adv. Leocr. R. p. 156: „ἐσιτήγει"

2) Demosth. adv. Theocrin. 1324.
Aristot. ap. Harpocr. v. ἐπιμεληταὶ ἐμπορίου.

3) Demosth. adv. Theocrin. 1325. 24 seqq.

4) Lysias adv. frumentar. R. p. 715. 718.

5) Dinarch. adv. Aristogit. R. p 81. 82.
Demosth. adv. Theocrin. 1324.
Aristot. ap. Harpocr. l. l.

waren der Uebermacht des Wuchersinns, der Erfindsamkeit in Ränken und Schlupfwinkeln, nicht gewachsen. Bis auf die Verträge über Darlehne zu Handelsunternehmungen hat sich der Gesetzgebungs-Unfug erstreckt: zu keinem Geschäft, wohin es auch gerichtet seyn mochte, sollte ein Capital gegeben werden, wenn sich der Unternehmer nicht verbindlich machte, Rückfrachten nach Athen, insonderheit Getreide, zu führen; worüber schriftliche Verpflichtungen unter öffentlicher Aufsicht niedergelegt wurden [6]). Damit war also den Attischen Rhedern verboten, ihre Schiffe im Zwischenhandel der Ausländer zu vermiethen.

Mit einigen zuweilen vorkommenden Handelsverboten hat es jedoch eine andere Bewandtniß gehabt: es ist dabei nur auf feindliche Länder abgesehn gewesen, und sie haben daher nur für die Zeit eines Kriegs gegolten [7]). Dahin gehört die bei dem bevorstehenden Peloponnesischen Kriege von Athen verfügte Ausschließung der Megarer von allen unter seiner Oberherrschaft oder seinem Einflusse stehenden Häfen [8]). Wenn auch von einem Verbote der Ausfuhr des Attischen Schiffbauholzes die Rede ist, und zwar in Friedenszeiten, so muß doch in einzelnen

6) Demosth. adv. Lacrit. 941. 9 seqq.
Id. adv. Dionysiod. 1284. 15 seqq.

7) Böckh Staatshaush. I. 58. 59.

8) Plutarch. Pericl. 29.

Fällen eine Erlaubniß zur Ausfuhr, selbst ohne Ausgangszoll, den Gesetzen nicht entgegen gewesen seyn 9).

Daß sich die Regierungen Griechenlands ein ausschließliches Recht gewisser Handelszweige beigelegt haben sollten, ist wenigstens von allen den Staaten nicht wohl zu denken, in welchen, wie in dem Attischen, die Mitglieder des Raths, dem die Vorbeschlüsse bei der Gesetzgebung zustanden, jährlich wechselten. Denn unter diesen haben sich unzweifelhaft immer auch Handelsleute befunden, die gegen solche ihnen so nachtheilige Anträge Alles würden aufgeboten haben. Einige vorkommende Fälle dieser Art müssen daher als Erpressungen, als vorübergehende von dringendem Geldbedürfniß gebotene Maßregeln angesehn werden 10). Was aber in dieser Beziehung von Epidamnus berichtet wird, verdient Beachtung. Zur Wahrnehmung der Geschäfte mit dem innern Lande von Illyrien war daselbst ein „öffentlicher Kaufmann,“ Poletes, angestellt, der die Reisen dahin machte, und allen Waaren-Umsatz besorgte; denn die obrigkeitliche Behörde wollte bemerkt haben, daß dieser Verkehr, wenn er den Bürgern überlassen wäre, ihnen zum Nachtheil gereichte 11). Hier ist mit aller Wahrscheinlichkeit ein von der Regierung

9) Theophrast. Charact. XX. (XXIII.), περὶ ἀλαζονείας.

10) Pseudo-Aristot. Oecon. II. 3. 17.

11) Plutarch. quaest. Graec. Reisk. VII. 191. 192.

angemaßtes Alleinrecht des Binnenhandels zu verstehn, den ein geschäftskundiger Beamter für öffentliche Rechnung zu führen beauftragt gewesen. Nur in einem Staate hat dies durchgesetzt werden können, wo jener entgegenstehende Umstand des jährlichen Wechsels der Rathsglieder nicht Statt fand. Denn wenn sogar die wichtige Würde eines Oberbefehlhabers der bewaffneten Macht für immer einem Bürger übertragen war [12]), so scheint um so mehr die Verwaltung der innern Angelegenheiten im erblichen Besitze einiger alten Geschlechter gewesen zu seyn, weshalb die zeitigen Mitglieder der obersten Staatsbehörde den Amtsnamen „Stammhäupter" geführt haben [13]). Die Annahme eines Alleinhandelsrechts der Regierung wird dadurch unterstützt, daß sich dazu in Folgendem ein unzweifelhaftes Seitenstück findet: auch die Gewerbe sämmtlicher Handwerker wurden für Rechnung der Regierung, durch öffentliche Sklaven betrieben [14]). Sonach sind die freien Bewohner blos Ackerbürger gewesen, und haben Küstenhandel im Adriatischen Meere getrieben.

---

12) Aristot. Pol. III. 11 (12). §. 1.
13) Ibid. V. 1. §. 6.
14) Ibid. II. 4 (5). §. 13.

III.

Betrieb des Seehandels.

Bekanntlich ist heutiges Tags die Einrichtung kaufmännischer Unternehmungen nach weit entfernten Küstenländern, die noch nicht in die Räder des ausgebildeten Großhandels eingreifen, wesentlich verschieden von der Art, wie dieser in Europa und Nord-Amerika geführt wird. Außer manchen andern Mitteln, die hier seinen Gang fördern und lebhaft unterhalten, als Preisverzeichnissen, Conti finti, Postenlauf, beruht er auf zweien Hauptstützen, auf dem Wechselwesen und dem Commissionshandel. Beide überheben den Großhändler der Nothwendigkeit, seine Versendungen entweder selbst zu begleiten, oder einen zuverlässigen Handelsdiener mit zu schicken, um theils den Absatz der Güter zu besorgen, theils die Zahlungen einzuziehn, oder Rückfrachten einzuhandeln. Bei der Vielheit der Unternehmungen heutiger großer Handelshäuser, und bei den sehr verschiednen Richtungen derselben, würde es auch unmöglich seyn, jeder ein Geleit beizugeben. Ganz anders dagegen verhält es sich in Ansehung der angegebnen ersten Betriebsart des Seehandels. Bei Versendungen nach fernen Erdtheilen, wohin noch kein Consignationshandel Statt finden kann, weil die Bewohner entweder ganz ungebildet sind, oder wenigstens an dem großen Welthandels-Gemeinwesen der neuern Jahrhunderte noch nicht Theil nehmen, da ist ein sogenannter Cargadeur nothwendig, um vortheilhafte Gelegenheiten zum Umtausche der Waaren aufzusuchen, oder, nach Beschaffenheit der Umstände, Baarzahlungen in Empfang zu nehmen, und Rückladungen anzuschaffen, von denen Gewinn zu hoffen steht.

Durch Vergleichung mit dieser letzten Art des heutigen Seehandels gewinnt die, des Griechischen, an Licht. Alle Umstände waren danach beschaffen, daß der Eigenthümer einer Verladung nicht umhin konnte, entweder sich selbst mit auf die Reise zu begeben [1]), oder sich durch einen treuen Bevollmächtigten vertreten zu lassen [2]). Geschäfte Rhodischer Häuser nach dem Borysthenes, Attischer nach dem Nil, wie wären sie anders zu betreiben gewesen? Gleich dem Cargadeur hatten die Bevollmächtigten der Rheder und Befrachter freie Hand, in Nothfällen, wenn das Schiff auf der Reise einer bedeutenden Ausbesserung bedurfte, zur Bestreitung der Kosten entweder eine Schuldsumme aufzunehmen, oder, bei Mangel an Credit, einen Theil der Ladung loszuschlagen. Je öfter solche Geschäftsmänner dieselbe Reise wiederholten, desto

---

1) Demosth. adv. Apatur. 893. 19 seqq.
Id. adv. Lacrit. 926. 17. 928. 10. 11.
Id. adv. Dionysiod. 1284. 28. 1290. 11 seqq.

2) Id. adv. Zenothem. 884. 11.

mehr Gewandtheit erlangten sie, die vortheilhaftesten Märkte aufzufinden. Zwischen den Pontischen Colonien und den Mutterstädten, so wie zwischen Phokäa und Massilien, wäre Commissionshandel zwar möglich gewesen; immer fehlte es jedoch an gehöriger Gelegenheit, Baarschaften zu übermachen. Daß daher selbst von den Mutterstädten der Pontischen Seeplätze die Eigenthümer der Waaren mit am Bord gewesen sind, ist aus vielen Beispielen zu ersehn; so wie gegenseitig Bewohner der Pontischen Länder die einheimischen Erzeugnisse für eigene Rechnung und persönlich nach Griechenland geführt haben [3]. **Commanditen** aber sind von Attischen Häusern im Pontus unterhalten worden [4].

Rheder oder Schiffs-Eigenthümer waren gewöhnlich mehrere Rentner in Gemeinschaft; doch hat auch mancher Einzelne gewagt, einen beträchtlichen Theil seines Vermögens in einem so mißlichen Geschäft anzulegen [5]. Befand er sich nicht selbst mit auf dem Schiffe, um die Aufsicht darüber zu führen, so ließ er seine Rechte durch einen Bevollmächtigten wahrnehmen [6]. In seinen Diensten standen

3) Isocr. Trapezit. ed. Bekker. p. 516.

4) Demosth. adv. Phorm. 909. 15. 915. 16.

5) Id. adv. Lacrit. 928. 929. 19. 20. 930. 21. 934. 8. 9.

6) Ibid. p. 929. 20. 934. 22. 23.
Id. adv. Timoth. 1190.
Pollux VII. 139

der Schiffer 7) und das Schiffsvolk 8), zu welchem letztern größtentheils Sklaven, eigene oder gemiethete, gebraucht wurden.

Von den Attischen Capitalisten waren manche zu gemächlich, andere zu vornehm, um sich den Beschwerden und Anstrengungen des Seehandels zu unterziehn; noch andere wurden durch Bürgerpflichten im Staate und Felde abgehalten, während des ganzen Sommers abwesend zu seyn. Daher zogen die Genügsamen darunter vor, ihre Gelder zu mäßigen Zinsen auf liegende Gründe auszuthun 9). Dagegen trachteten aber auch manche nach hohen Zinsen, und setzten deshalb ein beträchtliches Capital auf das Spiel. Sie fanden hierzu auch ihre Leute. Großentheils nämlich waren es Beisassen und Freigelassene, die unmittelbar und persönlich, und allerdings für eigene Rechnung, den Seehandel trieben, für einen mäßigen Gewinn die Mühseligkeiten und Gefahren desselben übernahmen, und durch bürgerliche Verhältnisse nicht verhindert wurden. Nur die Auslagen zu machen waren sie außer Stande 10); sie wußten aber

---

Harpocr. v. διοπτεύειν.
Hesych. et Suid. v. δίοπος.

7) Demosth. adv. Lacrit. 934. 15. (Erasikles).
8) Id. adv. Apatur. 894. 27.
9) Id. adv. Phorm. 914. 10. 11.
Id. pro Phorm. 946. 6. 7.
10) Id. adv. Phorm. 922. 10 seqq.

Rath zu schaffen, und zu bewerkstelligen, daß sie das Geschäft mit fremdem Capital, gegen Verpfändung der Ladung, freilich unter der Bedingung hoher Zinsen, treiben konnten: der heutige Groß-Aventur-Handel. — In gleichem Falle mit solchen Befrachtern befanden sich häufig auch die Rheder, die ebenfalls, wann sie ihr Schiff zu einer neuen Reise mit allen Nothwendigkeiten versehn wollten, zur Bestreitung der Anschaffungen ein Capital aufnahmen, wofür sie das Fahrzeug als Hypothek anwiesen, und sich zu hohen Zinsen verstanden: die ursprüngliche und eigentliche Bodmerei. Der Boden des Schiffs wird verpfändet. — Meistentheils fällt jetzt beides zusammen; wenigstens pflegt Groß-Aventure der Waaren nicht mehr ohne Verbodmung des Schiffs vorzukommen. Daß aber eigentlich beide verschieden sind, ist unverkennbar; denn es kann sich ereignen, daß die Ladung, oder ein großer Theil davon, verdirbt oder verloren geht, das Gefäß aber unversehrt bleibt, und umgekehrt, daß letzterm ein zerstörender Unfall begegnet, wobei die Ladung geborgen wird.

Je verwickelter in Athen, bei erweitertem Seeverkehr, die Groß-Aventur- und Bodmerei-Verhältnisse wurden, desto mehr entspannen sich Rechtshändel, die eine Gesetzgebung hierüber nothwendig machten [11]). Das wesentliche dieses wichtigen Theils der

---

11) Demosth. adv. Lacrit. 924. 10.

Verfassung des Attischen Seehandels bestand in Folgendem. Der Bodmerist, wie der Groß-Aventurist, erklärte in der Vertrags-Urkunde, daß er für das Schiff, und eben so für die Ladung, alle Gefahr übernehme, und für den Fall, daß großes Unglück einträte, sowohl auf die Zinsen, als auf das Capital, Verzicht leiste [12]). Nur die Hoffnung eines Zinsengewinns, der den landüblichen weit überstieg *), konnte zu solchem Wagestück ermuthigen. Denn wenn dem Gläubiger zu seiner Sicherstellung von dem Befrachter die Ladung [13]), und von dem Rheder das Schiff [14]), wohl auch das Frachtgeld [15]), verschrieben wurden, so waren dies doch keineswegs unbedenkliche Hypotheken. Es ist der Fall vorgekommen, daß zwei betrügerische Schuldner es darauf angelegt hatten, nach getroffenen Anstalten zu ihrer persönlichen Rettung, das Schiff zum Sinken zu bringen, weil sie dabei ihren Vortheil gefunden hätten; an welcher Bosheit sie aber durch Mitreisende, die

---

12) Demosth. adv. Zenothem. 883. 16.
Id. adv. Dionysiod. 1292. 15.

*) Die Sätze betreffend, verweise ich auf Böckh I. 148 ff.

13) Demosth. adv. Phorm. 914. 1.
Id. adv. Lacrit. 926. 6 seqq. 930. 3 seqq. 941. 26 seqq.

14) Id. adv. Apatur. 894. 895. 28.
Id. adv. Dionysiod. 1283.

15) Id. adv. Lacrit. 933. 22.

das Vorhaben zeitig genug gemerkt, waren verhindert worden [16]. Auch das heutige Versicherungswesen, das aus der Bodmerei des Alterthums hervorgegangen ist, wird zuweilen so strafbar gemißbraucht.

Bei der Abfassung des Groß-Aventur- und des Bodmerei-Vertrags mußte es dem Gläubiger sehr darauf ankommen, alle Umstände, alle möglicher Weise vorkommende Unfälle, in Betracht zu ziehn, um mit Rücksicht darauf theils die Bedingungen fest zu stellen, theils die Zinsensumme anzusetzen: also die Entfernung des Orts, wohin die Fahrt bestimmt war, die hiervon abhängende ungefähre Dauer der Reise, und eben damit die Zeit, auf welche das Darlehn gelten sollte; nicht weniger auch die Beschaffenheit sowohl der Jahreszeit, als der Gewässer, so wie die Gefahren, denen das Schiff von Seiten der Seeräuber und der feindlichen Schiffe ausgesetzt werden könnte. Es blieb auch nicht unberücksichtigt, daß sich auf der Reise selbst günstigere Aussichten eröffnen dürften, wodurch der Schuldner bewogen würde, in andere Häfen, als die vertragsmäßigen, zu steuern, die dann ebenfalls namentlich angegeben wurden [17]. Demnach pflegten alle Richtungen der Reise genau festgesetzt zu werden, da in den meisten Fällen das Darlehn für die Hinfahrt und

---

16) Demosth. adv. Zenothem. 883.
17) Id. adv. Lacrit. 926.

zugleich für die Rückladungen, ἀμφοτερόπλουν [18]), gegeben wurde; z. B. von Athen nach Aegypten und zurück [19]), nach dem Pontus und zurück [20]), über Mende und Skione in den Bosporus, und, nach Befinden der Umstände, bis an den Borysthenes, und von da zurück [21]). Dem Bodmerei-Gläubiger mußte daran gelegen seyn, daß die Abfahrt des Schiffs in Gegenwart einiger von ihm in den Piräus mitgenommenen Zeugen geschah [22]). Für den Fall, daß der Schuldner die Reise erweislich anders, als nach den Bestimmungen des Vertrags, eingerichtet, hatte er sich zu einer Straffumme anheischig gemacht [23]). Sogleich nach der Rückkehr sollte er die eingegangnen Verbindlichkeiten erfüllen, was gewöhnlich vor Zeugen geschah [24]). War er säumig, so konnte sich der Gläubiger nicht nur an die Hypothek, sondern auch an dessen Eigenthum halten [25]).

Es fehlte aber auch nicht an Geldreichen, die,

---

18) Demosth. adv. Phorm. 908. 20. 21. 914. 5. 6. 25. 915. 10.

19) Id. adv. Dionysiod. 1283—1286. 1291. 5. 6. 1293. 18. 19.

20) Id. adv. Lacrit. 924. 11.

21) Ibid. 926 seqq.

22) Id. adv. Phorm. 915. 10 seqq.

23) Ibid. 916. 26. 27.
Id. adv. Dionysiod. 1294.

24) Id. adv. Phorm. 915. 28 seqq.
Id. adv. Lacrit. 926.

25) Ibid.

von Erwerbsucht getrieben, ein behagliches Leben daheim aufopferten, und dabei zu bewerkstelligen wußten, daß sie in den Sommermonaten abkommen konnten, um an den Seereisen selbst Theil zu nehmen. Solche gewährten ihre Darlehne blos auf die Hinfahrt nach einem bestimmten Seeplatze, ἑτερόπλουν, mit der Bedingung, daß nach erfolgter glücklichen Ankunft an dem Bestimmungsorte das Capital zurückgezahlt, und die Zinsen entrichtet werden sollten. Letztere schlugen sie dann zum Capital, und mittelten eine Gelegenheit aus, die vergrößerte Summe auf eine neue Reise auszuthun, die sie ebenfalls mitmachten. Indem sie so ein Capital mehrmal während eines Sommers umsetzten, nutzten sie es höher, als auf jene erste Weise des Geldhandels, und als im Waarenhandel 26).

Es ist noch der Fall zu erwähnen, wenn Schiff und Ladung sehr großen Schaden und Verlust erlitten hatten. Dann ist eingetreten, was in dem heutigen kaufmännischen Versicherungsgeschäft der Abandon genannt wird; die Vergleichung kann wenigstens auf eine dunkle Stelle bei Demosthenes Licht werfen. Von dem Versicherer wird nämlich der ganze Verlust übernommen, und dem Versicherten vollständig ersetzt; wogegen ihm dieser das etwa gerettete

---

26) Demosth. adv. Phorm. 909. 24. 25 914. 3 4 28. Id. adv. Dionysiod. 1291. 15.

Gut, nebst dem Wrack des Schiffs, überläßt, um durch dessen Verkauf sich möglichst bezahlt zu machen. Die Zulässigkeit der Vergleichung vorausgesetzt, wäre demnach der Sinn der einschlagenden Stelle eines von dem Redner angeführten Bodmereivertrags dieser: „ist dem Schiffe und der Ladung „ein großes Unglück begegnet, so soll das Pfand befreiet seyn von aller darauf haftenden Verbindlichkeit, was jedoch davon übrig geblieben, den Gläubigern gemeinschaftlich gehören [27]." Durch das Zweite wird die Deutung des Ersten gerechtfertigt. Auch bei geringern Verlusten, wenn es nothwendig gewesen, einen Theil der Ladung entweder über Bord zu werfen, oder zum Loskaufe von Seeräubern zu verwenden, mußte der Pfandgläubiger einen verhältnißmäßigen Abzug erleiden [28].

Von dem Römischen Foenus nauticum unterscheidet sich die Attische Bodmerei wesentlich dadurch, daß nach jenem das Darlehn, entweder in baarem Gelde (trajecticia pecunia), oder auch in Waaren, ohne Hypothek gegeben, und der Seegefahr ausgesetzt wurde; wobei also in den hohen Zinsen ein Gegengewicht der großen Wagniß bestand [29].

---

27) Demosth. adv. Lacrit. 927. 7 seqq.: „σωτηρία ἔστω τῶν „ὑποκειμένων."

28) Ibid. 926. 16 seqq.

29) Dig. XXII. 2.

IV.

Geldwesen.

Im Großhandel wird bei Baarzahlungen hauptsächlich auf das reine, gediegene Gold und Silber, auf das Korn der Münzen, gesehn; daher sind es zunächst zwei Gegenstände, auf welche die folgende Untersuchung einzugehn hat: das Verhältniß des Goldes zum Silber, und der erwähnte Feingehalt der Münzen; nur läßt sich, den letztern betreffend, blos bei den Attischen Drachmen etwas Bestimmtes ermitteln. Auf eben diese wird sich auch beschränken, was hier über das Gewicht oder Schrot der Münzen vorkömmt, da übrigens dieser Gegenstand in Böckh's metrologischen Untersuchungen erschöpft ist*).

Sehr mannichfach sind die Ursachen der Veränderungen in dem gegenseitigen Verhältniß der beiden edeln Metalle; sie entspringen aus vielen sich durchkreuzenden, fast nicht zu übersehenden, gesellschaftlichen, gewerblichen, politischen Ereignissen und Zufällen. Nicht selten entsteht eine Veränderung durch den steigenden oder abnehmenden Verbrauch zu köstlichem Geräth, nach Maßgabe des wandelbaren Geschmacks und der Richtung eitler Prunksucht. Hier werden Gold- und Silber-Gruben entdeckt, oder

*) S. 76–137. 302–330.

thätiger bearbeitet; dort wird in Kriegszeiten das Gold, seines geringern Umfanges wegen, verborgen, überhaupt das edle Metall aus Besorglichkeit zurückgehalten. Von dem Kaufmanne werden diese Zustände bei seinen Baarzahlungen benutzt, da er gern in demjenigen Metall seine Schuld abträgt, in welchem er am wenigsten zahlt. Ein merklicher Wechsel in den angegebnen Dingen erfolgt jedoch nicht eben häufig, weshalb der Cours beider Metalle oft lange Zeit unverändert bleibt. Treten aber Veränderungen in dem Verhältniß ein, mögen sie nun vom Golde oder vom Silber ausgehn, so werden sie immer dadurch herbeigeführt, daß entweder, bei gleichbleibendem Vorrathe von beiden Metallen, die Nachfrage nach dem einen oder dem andern steigt oder fällt, oder daß, bei gleichbleibender Nachfrage nach beiden, der Vorrath des einen oder des andern sich vermehrt oder vermindert. Das Sinken oder Steigen der einen Schale hat bei der andern das Entgegengesetzte zur Folge.

Welche Ursachen in Griechenland auf den in Rede stehenden Gegenstand eingewirkt haben, läßt sich aus einigen mächtigen Umkehrungen in der politischen und Handels-Welt abnehmen. Eins zu Dreizehn ist das älteste bekannte Verhältniß des Goldes zum Silber, noch bestehend um die Mitte des fünften Jahrhunderts vor unsrer Zeitrechnung [1]). Darauf ist zwei Mal

1) Herodot. III. 95.

eine Veränderung eingetreten. Die erste ist als Folge der Perserkriege anzusehn: durch diese hat der Vorrath an Golde zugenommen, ohne daß gleichzeitig die Nachfrage gestiegen wäre; dasselbe ist also wohlfeiler geworden, und eben damit gegen über das Silber theurer, so daß nun das Verhältniß war wie Eins zu Zwölf [2]). Auf andere Weise ist durch die Eroberungen Alexanders mittelbar eine zweite Veränderung bewirkt worden, eine von den auf den Fall von Tyrus erfolgten Erschütterungen der Handelswelt. Silber aus Spanien war eine vorzügliche von den Waaren gewesen, welche die allseitige, unermüdliche Betriebsamkeit der Tyrier zusammengeholt, und insonderheit nach Griechenland geführt hatte; seitdem aber ihre Stadt aufgehört, erster Handelsplatz der Welt zu seyn, ihr Hafen geraume Zeit verödet, ihre Colonien vernachläßigt waren, fiel die Ausbeute aus den Spanischen Silbergruben großentheils weg, wodurch die Zufuhr nach Griechenland abnehmen mußte. Das Silber ward theurer, und das Gold eben damit wohlfeiler: das Verhältniß des letztern zu jenem stellte sich wie Eins zu Zehn [3]). Nach dieser Darstellung

2) Platonis Hipparch. ed. Steph. p. 231. Bekker. Part. I. Vol. 2. p. 244: „δυοδεκαστάσιος.“

3) Polyb. XXII. 15.
Menander ap. Polluc. IX. 76.
Hesych. v. δραχμὴ χρυσίου: „δραχμῶν ι,“ (nicht διδράχμων).
Liv. XXXVIII. 11.

ist von den beiden angegebnen Veränderungen in demselben die erste vom Golde ausgegangen, die zweite vom Silber: beide Mal aber ist das Silber im Preise gestiegen, das Gold also gefallen.

Wie im Germanischen Mittelalter, hat man sich auch in Griechenland, besonders in den frühern Zeiten, bei größern Zahlungen das Silber und Gold nicht in Münzstücken hingezählt, sondern ungemünzt einander zugewogen. Talent und Mina sind immer die größten Gewichte gewesen, nie aber geprägt worden; daher können sie nicht als Münzen angesehn werden, wenn sie gleich allerdings Geld überhaupt gewesen sind. Mit Stater und Drachme verhielt es sich, wie zu unsrer Zeit mit Pfund und Mark: beide waren ursprünglich und eigentlich Gewichte, dann aber auch Münzen. Ein Talent zerfiel in 60 Minen, und jede von diesen in 100 Gewicht-Drachmen: wonach ein Talent 6000 der letzten enthielt 4). Da mit dieser Zahl diejenige, der Aeginetischen Münz-Drachmen, übereintraf 5), so kann es gar wohl seyn, daß man zuerst auf dieser Insel durch den lebhaften örtlichen Umsatz auf den Gedanken geführt worden sei, Statt des umständlichen Abwägens, Silberstücke von der Schwere einer Drachme abzutheilen, sie in runde Platten zu formen,

4) Pollux IX. 53 extr. 59 extr 85.
5) Id. IX. 86.

ihr Gewicht durch einen Stämpel zu bezeichnen, und so die Zahlungen zu erleichtern [6]). Das in den heutigen Münzstätten angewandte Kunstverfahren scheint aber den Griechen unbekannt gewesen zu seyn; der stumpfe Rand ihrer Münzen, und das selten gerade stehende Gepräge, lassen vermuthen, daß die einzelnen Stücke, gleich unsern Denkmünzen, gegossen, und der Stämpel darauf geschlagen worden [7]). Für die Angabe, daß, wenigstens in Griechenland, auf Aegina zuerst gemünzt worden, spricht auch der ziemlich verbreitete Umlauf der Aeginetischen Münzdrachmen in andern Peloponnesischen Staaten, namentlich in Argos, Elis, Mantinea [8]). In Korinth, wo die Regierung eigene Münzen schlagen ließ, ist wenigstens der Münzfuß von Aegina beibehalten worden, dem gemäß das Talent ebenfalls 6000 Münzdrachmen hielt [9]). Von dieser Uebereinstimmung aber des Talents mit der Zahl (6000) seiner Theile ist Athen in Ansehung der Münzen abgewichen; die Theile oder Drachmen wurden sehr verkleinert, also

---

6) Ephorus ap. Strabon. VIII. 577.
Aelian. var hist. XII. 10.
Pollux IX. 83

7) Aristoph. Ran. 723: „κόμμα."
Pollux III. 86. IX. 85: „κόπτειν."

8) Thucyd. V. 47.
Xenoph. Hellen. V. 2 §. 21.

9) Gellius I. 8.

leichter ausgeprägt, als die Aeginetischen und Korinthischen [10]); zur Gleichstellung mit 6000 von diesen gehörten 10,000 Attische [11]). Das mittlere Gewicht einer einfachen Attischen Münzdrachme der frühern Zeit ist befunden worden zu 82 Französischen Grains de poids; die spätern sind etwas leichter gewesen [12]). Es hat aber auch doppelte, drei-, vier- und fünf-fache gegeben [13]). Nach dem Cölner Markgewicht betragen jene 82 Grains de poids fast ein Drittel Loth der rauhen Mark.

Zur Verdeutlichung der Beschaffenheit des Schrots und Korns der Attischen Drachmen ist Folgendes nothwendig. Bei der Bestimmung desselben wird hier das Französische Gewicht zum Grunde gelegt. Nach diesem zerfällt zwar der Denier durchaus in 24 Grains; was aber die Eintheilung der Mark in Deniers betrifft, findet eine große Verschiedenheit Statt, je nachdem sie auf verarbeitetes, oder auf löthiges Silber angewandt werden soll; woher es kömmt, daß die Summen der

10) Pollux IX. 76.

11) Id. IX. 80. 86.
Gellius l. l.

12) Barthelemy voyage d'Anacharsis T. IX. p. LXXXV — LXXXIX.

13) Cic. ad divers. XII. 13 extr.
Liv. XXXIV. 52.
Pollux IX. 60.

Grains einer Mark sehr weit von einander abstehn, und nach der ersten Eintheilungsart 4608 betragen, nach der zweiten nur 288.

1) Bei dem Wägen des verarbeiteten Silbers, zu dem auch, wegen des eingemischten Kupfers, die Münzen gehören, wird die Mark, die von dieser Bestimmung den eigenthümlichen Namen Poids de marc führt, in 8 Unzen, jede mit 8 Gros, getheilt, von welchen letztern jeder 3 Deniers enthält. So entsteht die Summe von 192 Deniers. Diese nun 24 Mal, so ist das Ergebniß jene Zahl der 4608 Grains [14]).

Hiervon die Anwendung auf die rauhe Mark oder das Schrot der Attischen Drachmen. Nach Tillets Ausmittelung ist die Cölner Mark gleich 7 Unzen + 5 Gros + 11 Grains des Französischen Poids de marc = 4403 Grains [15]). In der Vertheilung derselben auf eine Cölner Mark oder 16 Loth kommen

---

14) Encyclopédie methodique. Commerce. T. troisième. A Paris 1784. p. 68.

Ricards Handbuch für Kaufleute. Nach der sechsten Französischen Ausgabe übersetzt von Gadebusch. Zweite Auflage. Greifswald 1792. S. 120. 121.

Eytelwein, Vergleichung der in den Preußischen Staaten eingeführten Maße und Gewichte, mit Rücksicht auf die vorzüglichsten Maße und Gewichte in Europa. Zweite Auflage. Berlin 1810. S. 122.

15) Mémoires de l'academie de Paris. Année 1767. p. 350.

Ricard und Eytelwein a. a. O.

auf Eins von letztern 275 3/16 Gran. Und von dieser letzten Summe betragen, gemäß der obigen vorläufigen Angabe, die ausgemittelten 82 Gran fast den dritten Theil.

2) Völlig abweichend ist die zweite Eintheilungsart der Mark in Deniers, die in Frankreich bei dem Wägen des löthigen, unvermischten, unverarbeiteten Silbers gebräuchlich gewesen ist, und wobei die Mark den bezeichnenden Namen „le marc „pour les essais de l'argent“ geführt hat. Ohne Ober-Abtheilungen in Unzen und Gros zerfällt hier dieselbe unmittelbar in Deniers, und zwar nur in 12, jeder mit seinen 24 Grains: Summe der letzten 288 [16]).

Zum Behufe der Anwendung dieser Eintheilungsart auf die feine Mark oder das Korn der Attischen Drachmen dient eine von dem genannten Französischen Sachkundigen angestellte Untersuchung. Als mittlere Zahl des Silbergehalts der einfachen Attischen Drachmen können, nach Tillet, 11 Deniers + 20 Grains angenommen werden [17]). Das sind 284 Grains de fin. Um ganz reines oder löthiges Silber zu seyn, fehlen also nur 4 Grains.

Es verdient Beachtung, daß aus der Berechnung

16) Encyclopédie p. 215 unten.
Ricard S. 120. 124 unten.

17) Barthelemy a. a. O. p. LXXXV oben.

nach dem in ganz Deutschland und im Preußischen Staate eingeführten Cölnischen Gewicht fast dasselbe Ergebniß hervorgeht. Jedes von den 16 Lothen dieser Mark wird getheilt in 18 Grän, wonach die Summe der letztern ebenfalls 288 beträgt [18]. Davon kommen jene 4 in Abzug. Es haben demnach die ältern Attischen Drachmen einen Feingehalt von 15 Loth + 14 Gran gehabt: eine Silberprobe, die noch um 2 Gran besser ist, als diejenige, die bei den Silber-Barren die gesetzliche ausmacht, in welchen der Fonds der Hamburger Bank besteht: 15 Loth 12 Gran, also 1/48 Zusatz [19], in Attika nur 1/72. Später sind die Attischen Drachmen etwas schlechter ausgeprägt worden, nur zu 11 Deniers + 9 bis 12 Grains = 15 Loth + 3 bis 6 Gran [20].

Einigen Zusatz von Kupfer haben in Griechenland alle Münzen, die goldnen, wie die silbernen, erhalten, damit sie etwas härter würden [21]; nur ist

18) Ricard S. 137.
Eytelwein S. 112.
Aldefeld: Die Maße und Gewichte der Deutschen Zollvereins-Staaten. Stuttgart und Tübingen 1838. S. 169.

19) Büsch, Darstellung der Handlung. Dritte Ausgabe. Von Norrmann. Th. II. S. 41.

20) Barthelemy a. a. O. p. LXXXIX.

21) Herodot. IV. 166.

diese Legirung hier schwächer, dort stärker, gewesen [22]). Von unvermischtem Silber, dem sogenannten Aryandischen [23]), findet sich im eigentlichen Griechenland kein Beispiel [24]).

Die Goldmünzen sind oft schlechthin so, d. i. Gulden, genannt worden, meistentheils aber Stateren [25]): ganze und halbe [26]), in Kyrene auch vierfache [27]). Daher der Ausdruck: „Gold in Stateren einwechseln" (gegen anderes Geld) [28]). Die Lydischen [29]), Persischen [30]), Phokäischen [31]), sind bekannt. Ein Attischer Gulden [32]), an Schwere zwei Gewicht-Drachmen [33]), stand im Werthe zwanzig dasigen Silbermünz-Drachmen gleich [34]). Auf einen

---

22) Xenoph. Hellen. V. 2. §. 21.

23) Pollux III. 87. VII. 98.

24) Conf. Herodot. l. l.

25) Pollux VII. 102. IX. 58. 59.

26) Id. VI. 161. IX. 59.

27) Aristot. ap. eund. IX. 62.

28) Isocr. Trapezit. ed. Bekker. p. 528: „ἐχρυσώνησα."

29) Herodot. I. 54. 94.

30) Id. IV. 166.

31) Thucyd. IV. 52.
Demosth. adv. Böot. 1019.
Pollux IX. 93.

32) Schol. Aristoph. Eccles. 598.
Harpocr. in Δαρεικός.
Pollux IX. 53. 58.

33) Id. IV. 173.

34) Harpocr. l. l.

Kyzikenischen Stater aber [35], nur genannt Kyzikener [36], sind solcher Attischen Drachmen acht und zwanzig gegangen [37]. Außer diesen noch verschiedne andere, seltner erwähnte Goldmünzen [38].

V.

Bankgeschäft.

Geldhändler hat es wohl auf allen großen Handelsplätzen Griechenlands gegeben; von Aegina wird Strymodor namhaft erwähnt [1]). Sie können aber, ihres wilden, ungemäßigten Wuchers wegen, dem Waarenhandel nicht so zum Vortheil gereicht haben, wie unsere Bankhäuser; wenigstens sind die Athenischen, von denen allein etwas Genaueres bekannt ist, dadurch verrufen gewesen [2]). Ein bedenkliches Zeichen ist schon die Wurzel, aus welcher

35) Lysias adv. Diogit. Reisk. p. 896. 4.
Demosth. adv. Phorm. 914. 11. 12.
Id. adv. Lacrit. 935. 13.

36) Xenoph. Anabas. VII. 2. §. 36. et 3. §. 10.

37) Demosth. adv. Phorm. l. l.

38) Böckh, metrologische Untersuchungen, S. 134—137.

1) Demosth. pro Phorm. 953. 19.

2) Böckh Staatshaush. I. 141.

das rohe Kraut hervorgeschossen, der kleinliche Münzwechsel, Umsatz der verschiednen Landesmünzen [3]). Abgesehn von dem schmutzigen Wucher, sind die Geschäfte, die sich hieraus entwickelt haben, zu vergleichen mit denen, unsrer Bank-Anstalten und Privat-Geldhändler, insonderheit mit den Deposito- und Leih-Banken.

In Kürze lassen sich sämmtliche Geschäfte dahin zusammenfassen, daß die Unternehmer hier, als Schuldner, Capitalien aufnahmen, die sie dort, als Gläubiger, wieder austhaten [4]), daß sie aber, in der zweiten Eigenschaft, bei weitem mehr Zinsen nahmen, als sie, in der ersten, gaben. Zwei besondere Beispiele sind bekannt, wie es gewöhnlich gewesen, Gelder bei ihnen verzinslich unterzubringen: ein junger, aus dem Pontus gebürtiger Handelsmann hatte die Einnahme von seiner herbeigeführten Getreideladung dem berüchtigten Pasio anvertrauet [5]); eben so war von dem Vermögen des Demosthenes der größte Theil anfänglich bei dreien Bankhaltern belegt [6]). Ueber solche gemachte Anleihen stellten sie weder

---

3) Isocr. Trapezit. ed. Bekker. p 528.
Demosth. adv. Polycl. 1216. 18.
Pollux III. 84. VII. 170.

4) Isocr. l. l. med.

5) Id. p. 516. 529.

6) Demosth. adv. Aphob. 816. 27—29.

Schuldverschreibungen aus, noch ließen sie Zeugen zu, wann sie die Zahlung in Empfang nahmen [7]; daher konnte Pasio auf den Anschlag gerathen, den jungen Fremden aus dem Pontus um sein Depositum zu betrügen. Sie selbst aber, wenn sie Darlehne gewährten [8], wußten sich wohl vorzusehn, daß sie durch ein vollgültiges Unterpfand gedeckt waren [9].

Als Geschäftsmännern, die im Geldzahlen und Buchführen große Fertigkeit und Gewandtheit erlangt hatten, pflegten ihnen Vornehme und Begüterte, wenn sie durch Reisen und andere Umstände verhindert waren, sich selbst mit der Führung ihrer Kasse zu befassen, dieselbe gegen eine Entschädigung zu übertragen; wonach sie ihre Zahlungen durch eigenhändige, auf den Kassenverwalter ausgestellte Anweisungen leisteten [10]: ein Gebrauch, der auch bei manchen der heutigen Banken vorkömmt. Es ward dabei die Vorsicht angewendet, daß, wenn die Empfänger der Zahlungen dem Geldhändler persönlich nicht bekannt waren, diesem zugleich ein ihm wohl bekannter Mann angegeben wurde, der sie beglaubigte [11]. Dieser Zah-

7) Isocr. l. l. p. 515.

8) Demosth. adv. Euerg. et Mnesib. p. 1154. 1155. Id. adv. Timoth. 1185.

9) Id. adv. Nicostrat. 1249. 10 seqq.

10) Id. adv. Callipp. 1236. 16 seqq.

11) Ibid et p. 1237.

lungsgebrauch hat in der Folge eine weitere Ausdehnung gewonnen. Geldhändler verschiedner Plätze sind in Verbindung getreten, um auf Gelder, die bei ihnen niedergelegt worden, gegenseitig Zahlungs-Anweisungen auszustellen, und zu gewissen Zeiten unter sich abzurechnen. Zwischen Athenischen und Römischen Häusern haben solche Verbindungen bestanden [12]; wie überhaupt das Bankwesen früh nach Rom übergegangen ist [13]. Nachdem jene Verbindungen während des Mittelalters in Italien und Frankreich fortbestanden hatten, sind sie die Veranlassung des Wechselwesens geworden.

Die Athenischen Geldtisch-Unternehmer haben auch dieses Nebengeschäft zu ihrem Vortheil zu benutzen gewußt. Wenn sie berechnen konnten, wie lange es dauern dürfte, bis daß auf eine niedergelegte Summe eine Anweisung einginge, suchten sie dieselbe in einem Geschäft anzulegen, das abgelaufen seyn mußte, wann die Zeit der Rückzahlung zu vermuthen war.

Größtentheils ist es demnach fremdes Capital gewesen, womit sie gewuchert haben [14]. Manche sind dermaßen in Schwindel und Mißbrauch ihres Credits verfallen, daß sie ihre Zahlungen einstellen

12) Cic. ad Att. XII. 24. XV. 15.

13) Plautus, Asinar. II. 4. v. 32. Polyb. XXXII. 13.

14) Demosth. pro Phorm. 947. 22 seqq.

mußten [15]). Nicht selten waren es Menschen von niedriger Herkunft und schlechter Gesinnung, Freigelassene, früher in Diensten eines Geldhändlers [16]), von dem das Geschäft auf sie übergegangen war, wie dasjenige, des Archestratus auf Pasio, und von diesem auf Phormio [17]). Solche, allerdings die größere Zahl, sind gemeint, wenn von ihrer Raubgier die Rede ist.

Es befanden sich aber darunter auch Ehrenmänner, die das öffentliche Vertrauen in dem Grade besaßen, daß sie in Nothfällen für die Regierung Anleihen vermittelten und verbürgten [18]), und daß man in ihrem Geschäftsgelaß Bodmerei-Verträge, Schuldverschreibungen, und andere urkundliche Schriften, der Sicherheit wegen, zur Aufbewahrung niederlegte [19]).

15) Demosth. adv. Apatur. 895. 5. 6.
Id. pro Phorm. 959. 26 seqq.

16) Ibid. 957. 24. 25.

17) Ibid. 959. 14. 15.

18) Ibid. 962.

19) Id. adv. Phorm. 908. 22, — adv. Lacrit. 927. 15 seqq. — adv. Dionysiod. 1287. 21. 22.

VI.

Völkerrechtliche Verhältnisse.

Proxenie. Symbola.

Das Gebiet von Griechenland enthielt viele unabhängig neben einander bestehende, größtentheils kleine Staaten, fast sämmtlich mit reizbaren Volksregierungen: das ist genug, um gegenseitige Eifersucht, feindselige Stimmung, Reibungen, verderbliche Kriege, zu befürchten. Bei allem Hasse aber, aller Leidenschaftlichkeit, hat sich doch die Ueberzeugung behauptet, daß der Großhandel eine Weltanstalt ist, ein Annäherungsmittel der Völker. Wie so oft, hat auch hier das Bedürfniß auf nützliche Maßregeln geführt, auf die Proxenie, und gewisse mit dem unbestimmten Namen Symbola bezeichnete Bande.

Wenn die Bürger einer Stadt in einer andern, wohin sie Geschäftsreisen zu machen hatten, in Verwickelungen und Streitigkeiten geriethen, die eine Vermittelung oder das obrigkeitliche Einschreiten nöthig machten, so war es Bedürfniß, daß sich unter den dortigen Bürgern einer befände, der sich ihrer annähme, und insonderheit sie vor Gericht verträte [1]). Ein solches Verhältniß, dem zufolge sämmtliche

1) Pollux III. 59 extr.

Bewohner eines Orts sich an einen bedeutenden, einflußreichen Bürger eines fremden angeschlossen, hat frühzeitig unter den Griechen bestanden; anfänglich als Privat-Uebereinkommen, im Fortgange der Zeit aber zum öffentlichen, völkerrechtlichen, ausgebildet, so daß entweder die Regierung einheimische Bürger ausdrücklich dazu bevollmächtigte[2]), in welchem Falle die Proxenie wohl auch vom Vater auf den Sohn überging [3]), oder daß ein Mitglied der vertretenen Bürgerschaft sich zu dem Ende in der fremden Stadt niederließ, und daselbst mit gewissen Rechten begabt wurde. Von Letzterm ist in Athen ein namentliches Beispiel der Abderite Nymphodorus [4]). Die Proxeni dieser zweiten Art hatten daselbst gleichen Gerichtsstand mit allen den Bewohnern, welche nicht das volle Bürgerrecht besaßen. Begreiflich aber mußte dies auch der Fall seyn, wenn der Proxenus ein Attischer Bürger war, weil er ja in jener Eigenschaft als Sachführer eines Ausländers vor Gericht auftrat [5]).

Von vielen Beispielen nur einige.

---

2) Demosth. adv. Lept. R. p. 497.
Schol. Thucyd. III. 70.

3) Xenoph. Hellen. VI. 3. §. 4.

4) Thucyd. II. 29.

5) Pollux VIII. 91.

In Athen: für Heraklea in Bithynien [6]), für Theben [7]), für Lakedämon [8]).

In Lakedämon: für Byzantium [9]).

In Argos: für Heraklea [10]).

In Elis: für die Lakedämonier [11]).

In Pharsalus, und an andern Orten in Thessalien: für dieselben [12]).

In Gortyna auf Kreta: für die Athener [13]).

Auf Kerkyra: für dieselben [14]).

Auf Chius: für dieselben [15]).

Die zwischen den Milesiern und Sybariten bestandne Befreundung [16]) scheint nicht auf Proxenie, sondern auf dem starken Absatze beruht zu haben, den die hoffärtigen Kleiderstoffe der Joner in Sybaris fanden [17]); daher die dasigen Woll- und Seiden-

6) Demosth. adv. Callipp. 1236—1238.

7) Aeschines de legat. male gesta, R. 310. 335. Id. adv. Ctesiph. p. 531.

8) Xenoph. Hellen. V. 4. §. 22.

9) Id. I. 1. §. 35.

10) Demosth. adv. Callipp. 1238 extr.

11) Pausan. III. 8. §. 2.

12) Xenoph. Hellen. VI. c. 1. §. 4. c. 4. §. 24.

13) Thucyd. II. 85.

14) Id. III. 70.

15) Athenaeus XIII. p. 603.

16) Herodot. VI. 21.

17) Timaeus ap. Athen. XII. p. 519.

Arbeiter von dem Untergange dieser üppigen Stadt schmerzlich berührt wurden.

Weniger häufig, als die Proxenie, aber in Handelsstreitigkeiten ebenfalls eine sehr nützliche Anstalt, waren die völkerrechtlich-gerichtsbarkeitlichen Symbola. Dem hier darzustellenden Verhältniß ist der Ausdruck Symbola nicht ausschließlich eigen; er wird auch theils von allgemeinen Verträgen gebraucht, die von zweien Staaten zur Sicherheit der beiderseitigen Bürger abgeschlossen worden [18]), theils von der angemaßten Gerichtsbarkeit Athens über die Bundesgenossen. Hier ist nur die Rede von Verträgen zweier Staaten, worin über die gegenseitige Gerichtsbarkeit in Handels- und andern Streitigkeiten ihrer Bürger gewisse Bestimmungen festgesetzt worden [19]). Nicht auf völkerrechtliche

---

18) Andocid. adv. Alcibiad, R. Vol. IV. p. 121.
Aristot. Pol. III. 5. §. 10. 11.
Dionys Hal. excerpta de legat. ed. Reisk. Vol. IV. p. 2314 et ibi R.
Harpocr. v. σύμβολα.

19) Von den δίκαις ἀπὸ συμβόλων überhaupt handeln mehr oder minder ausführlich:
Meier und Schömann, Attischer Prozeß. S. 773 — 780.
Jakobs, Staatsreden des Demosthenes, zweite Auflage. S. 316. 317.
Hudtwalker, über die Diäteten in Athen. S. 123 — 125.

Schutzverträge, sondern auf diese gerichtsbarkeitlichen Symbola, läßt sich eine Stelle des Aristoteles beziehn, wenn sie so aufgefaßt und umschrieben wird: „es ist kein erschöpfendes Unterscheidungsmerkmal der „Mitbürgerschaft, wenn zwei Streitende einen gemeinschaftlichen Gerichtshof haben, vor dem der eine „als Kläger auftritt, der andere als Angeklagter erscheint: denn dies ist auch der Fall bei denen, die „durch Symbola verbunden sind [20]).

Drei Hauptgegenstände sind es gewesen, die, aus einer Rede des Demosthenes [21]), verbunden mit einigen andern Angaben, zu schließen, den Inhalt solcher Verträge ausgemacht haben. Der Redner führt aus, daß, obgleich früher der Handelsverkehr Makedoniens mit Athen viel lebhafter gewesen sei, als zu seiner Zeit, doch zwischen beiden Staaten keine Symbola bestanden, sondern beide sich dabei beruhigt hätten, wenn in Streitsachen ihrer Bürger gegenseitig von dem Ortsgerichte des Angeklagten, und nach dessen einheimischen Rechtsgewohnheiten, erkannt worden wäre. Damals hätte man doch mehr über Verzögerung der Rechtspflege in Athen klagen können, als jetzt, wo die Handelsgerichte öfter zusammenträten; gleichwohl habe Philippus nie auf

---

20) Aristot. Pol. III. 1. §. 3: „τοῦτο γὰρ ὑπάρχει καὶ τοῖς „ἀπὸ συμβόλων κοινωνοῦσι.“

21) De Halonneso p. 79. 20 seqq.

Symbola angetragen. Wenn er also jetzt einen solchen Vertrag in Vorschlag bringe, so verrathe dies eine selbstsüchtige Absicht.

1) Aus diesen Aeußerungen läßt sich zuvörderst folgern, daß die beiden einen solchen Vertrag eingehenden Staaten dahin überein gekommen sind, es sollte nicht mehr, wie bisher, streng nach dem heimathlichen Rechte des Verklagten, sondern nach gewissen gemeinschaftlichen Rechtsbestimmungen erkannt werden, worüber sich beide vereinigt, und wobei sie ihren Vortheil wahrgenommen hatten.

2) Der zweite Hauptgegenstand des Vertrags muß folgender gewesen seyn. Nach wie vor sollte zwar der erste Rechtsgang vor den ordentlichen Richtern des Verklagten Statt haben, doch so, daß dem Kläger gewisse Befugnisse eingeräumt wurden. Früher hatte sich dieser in Nichts mischen dürfen; höchstens konnte der Proxenus sich seiner annehmen, wo seine Bürgerschaft einen solchen unterhielt. In den Symbolis aber war ihm zugestanden, sein Recht persönlich zu verfolgen. Dies ist aus Demosthenes Worten zu erkennen: „bisher ist nicht an Symbola „gedacht worden, denen zufolge Makedonier in „ihren Rechtssachen nach Athen, und Athener in den „ihrigen nach Makedonien, gereiset wären.“

3) Endlich ist für die Fälle, wenn sich der unterliegende Theil beschwert glaubte, ein dritter Staat als schiedsrichterliche Rechtsberufungsbe-

hörde von beiden vertragenden Bürgerschaften anerkannt worden: dies erhellt aus mehrern übereinstimmenden Angaben. Der Staat, vor den die Sache im zweiten Rechtsgange gebracht werden sollte, hieß der angerufene, ἔκκλητος πόλις [22]). „Schon „wenn der gegenwärtige Rechtshandel einer angerufenen Stadt übertragen wäre" sagt Aeschines [23]), „würde ich Euch als Zeugen vorladen lassen, nun „ist er aber anhängig in Athen, wo Ihr Zeugen „und Richter zugleich seid: um so mehr wende ich „mich an Euch, um Euer Vertrauen zu gewinnen."

Anmerkung.

Eine Ausführung über die Maße und Gewichte, wenn sie im Plane dieser Schrift läge,

---

22) Pollux VIII. 54. 63: „ἔκκλητοι δίκαι, ἀπὸ συμ-„βόλων."

Etymol. v. ἔκκλητος πόλις: „ἣν ἂν ἐκκαλῆταί τις „εἰς τὸ κρίνεσθαι κ. τ. λ."

Id. v. ἔφεσις: „ἀπὸ τοῦ ἐλάττονος ἐπὶ μεῖζον φυγὴ „καὶ μετάθεσις· καλεῖται δὲ καὶ ἔκκλητος, παρὰ τὸ „ἐκκαλεῖσθαι."

Photii lex. v. ἔφεσις: „ἡ ἐξ ἑτέρου δικαστηρίου εἰς „ἕτερον μεταγωγή· τὸ δὲ αὐτὸ καὶ ἔκκλητος κα-„λεῖται."

Hesych. v. ἔκκλητος.

23) Aeschines adv. Timarch. R. p. 111. 112.

würde hier, bei den Gegenständen, welche die Handelsverfassung betreffen, ihre angemessene Stelle gefunden haben. Da aber beide dem Gebiete des Großhandels nicht ausschließlich angehören, sondern in das ganze volkswirthschaftliche Leben eingreifen, so hat man sie übergehn zu dürfen geglaubt. Dies konnte um so mehr geschehn, als Böckh's metrologische Untersuchungen jede ähnliche Arbeit überflüssig gemacht haben.

Zweiter Zeitraum.

Makedonisches und Römisches Zeitalter.

Erster Theil.

Hinzugekommene morgenländische Waaren.

Wenn ein beträchtlicher Theil der gebildeten Völker eines Zeitalters von dem Unglücke langwieriger Kriege oder politischer Zerrüttungen betroffen worden, so ist zuweilen geschehn, daß nach wiedergekehrtem Zustande des äußern und innern Friedens, zumal bei längerer Andauer desselben, für Gewerbthätigkeit und Verkehr ein neues Stufenjahr begonnen hat, daß der Unternehmungsgeist vielseitig ermuthigt, und sein Spielraum sehr erweitert worden ist. In vorzüglichem Grade ist diese weltgeschichtliche Erscheinung ein bezeichnendes Merkmal der neuesten Zeit. Während der Europäischen Kriege und Handelszerrüttungen, die aus dem gewaltigen Umsturze der Dinge in Frankreich erfolgten, und deren Wirkungen sich in verschiednen Gestalten bis nach Amerika erstreckten, haben Bedürfniß und Noth auf neue Mittel geführt, neue Kräfte hervorgerufen, und den Erfindungsgeist stärker belebt, daß nun, im Genusse lange entbehrter Freiheit und Ruhe, im Gewerbstande ein Wetteifer ohne Beispiel, ein bedenkliches gegenseitiges Ueberbieten, wahrgenommen wird. Ueber die Feder, von der die Urbewegung des ganzen rauschenden Triebwerks ausgeht, kann kein Zweifel obwalten, so wenig, wie über die Folgen für das Innere der Gesellschaft. Zum Grunde liegt ein Streben nach Gewinn, das weit hinausgeht über die Grenze der Schadloshaltung für die vielen Opfer und Entbehrungen, ein Streben nach Genuß, das für die Fortbildung des sittlichen und selbst des bürgerlichen Menschen ungünstig zu werden droht.

Mit diesen Gedanken soll nur der Uebergang zu dem Folgenden gebahnt werden, da sie auf die Griechische Welt in früherer und späterer Zeit Anwendung finden. Schon die Kriege mit Persien, so vieljährige und schwere Opfer sie gekostet, hatten doch die Betriebsamkeit vielfältig angeregt, sowohl dadurch, daß die Güter des reichen Asiens häufiger und großentheils unmittelbar nach Griechenland auf den Markt geführt wurden, die, um das Verlangen danach zu befriedigen, den Landbauer wie den Kunstarbeiter anspornten, als auch gegenseitig durch den eröffneten Absatz Griechischer Waaren nach Persien. Eben so waren aber auch diese Kriege mittelbar nicht ohne Einfluß auf die alte Einfachheit und Mäßigkeit in dem Leben der Griechen geblieben. Beides hatten in viel stärkerm Grade die Züge Alexanders in Asien und Aegypten zur Folge, so wie die zwanzigjährigen Kriege der Feldherrn, die nach seinem Tode über den Nachlaß kämpften. Die Römische Uebermacht endlich hat diese Wirkungen wenn nicht erweitert, doch unterhalten, ein Meer, das alle Ströme des Handels der damaligen gebildeten Welt in sich aufnahm.

Es fehlt nicht an Beispielen in der Sittengeschichte der Griechen, wie, als Folge der Handelsreichthümer und der Ansteckung durch das Ausland, Ueppigkeit, Hoffart, Schwelgerei, Sittenverderbniß um sich gegriffen. Den Griechischen Lüstlingen haben es dann die Makedonischen und Römischen Großen zuvorgethan. Ein vollständiges Gemälde des Uebermuths, der Wollüste, der schaamlosen Lasterhaftigkeit, würde eben so müßig als widerwärtig seyn. Im Vorgrunde stehn Miletus und Ephesus, überhaupt die Jonischen Städte; dann im Mutterlande vor allen Korinthus; im Pontus Komana und Byzantium; in Italien Tarentum und das sprüchwörtlich gewordne Sybaris. An den unzüchtigen Milesiern hat schon Aristophanes seine Laune ausgelassen [1]); Eubulus hat sie als zanksüchtige Trunkenbolde

---

1) Lysistr. 107. 108.

dargestellt [2]). Noch zur Zeit des Theophrastus hat ein gangbares Sprüchwort die unmäßige Sinnlichkeit der Joner gerügt [3]). In Ephesus, Korinthus, und der Pontischen Stadt Komana, ist die Verbindung der Wollust mit einer vermeintlichen Religion weit gegangen. Hier gab es kein Aergerniß, daß namentlich in Korinth tausend weibliche Geschöpfe, die ihren Leib feil boten, als Priesterinnen einer göttlich verehrten, eingebildeten Person galten, die als Sinnbild der weiblichen Schönheit gedacht wurde [4]), und daß der gemeine Mann, wenn er von derselben etwas erflehte, ihr einige Dirnen zuzuführen gelobte [5]). Weil auch in Komana eine Menge Buhlerinnen mit priesterlicher Maske unterhalten wurde, welche die Fremden auf die dortigen Märkte locken sollten, hieß diese Stadt nur Klein-Korinth [6]). In Byzantium ist das Volk wenigstens durch das beständige Herumtreiben im Hafen und auf dem Markte zur Völlerei und zu Ausschweifungen verführt worden [7]). Vor

---

2) Ap. Athen. X. c. 12. p. 442.

3) Ap. eund. XII. 6 (non 4) p. 526.

4) Aristoph. Plut. 149 seqq.
Strabo VIII. 581.
Pollux IX. 75.
Euacles ap. Athen. XIII. 4. p. 573.

5) Athenaeus l. l.
Conf. Strabo l. l.

6) Strabo XII. 837.

7) Athen. X. 12. p. 442. XII. 6 (non 4) p. 526.

vielen andern berüchtigt waren die Tarentiner, überhaupt wegen des ungemäßigten Hanges zum Genuß und Vergnügen, und der niederträchtigen, daraus entspringenden Habsucht [8]), und insonderheit wegen der viehischen Geilheit [9]). Dazu ein verderblicher Müßiggang, in Folge der unsinnigen Vermehrung der Feste, deren mehr gefeiert wurden, als das Jahr Tage enthielt [10]). Sie stachelten die Eitelkeit, mit prächtigen, vom Auslande bezogenen Kleidern zu prunken [11]). Von den Sybaritischen Lüstlingen endlich [12]) wird Niemand mehr etwas lesen wollen.

Bei dem Aufwande sowohl der reichen Handelshäuser in großen Seeplätzen, als der vornehmen Familien nach dem Untergange so vieler kleinen Freistaaten, fand am meisten der Kaufmann seine Rechnung, der in morgenländischen Waaren Geschäfte machte. Zunächst und in vorzüglichem Grade gehörten dahin die eben erwähnten feinen Stoffe zu Kleidungsstücken. Sie, und die prächtigen Kopfbinden, kostbaren Segeltücher, sind verschieden benannt worden: Byssus, Polymitus, Carbasae, Molochina, Sindones, Othones oder Othonia; und sie haben bestanden

---

8) Theopomp. ap. Athen. IV. p. 166.

9) Clearch. ap. eund. XII. 522.

10) Strabo VI. 429.

11) Clearch. l. l.

12) Athen. XII. 521. 522.

aus Leinen, Baumwolle, wahrscheinlich auch aus der feinen Tibetanischen Wolle, aus Seide und Halbseide, und aus Garn von Seide und von Wolle [13]).

Ursprünglich wird der Seidenbau allgemein dem Lande der Seres beigelegt, nämlich die Zucht der Seidenraupe, aus deren Gespinnst der Stoff besteht [14]). Die Lage dieses Landes, wie sie von Marinus bestimmt worden [15]), kann man in so fern als richtig annehmen, als die angeführten geographischen Umstände mit der heutigen Kunde des innern Asiens übereinstimmen. Sie wird am sichersten aufgefunden, wenn man den als Handelsstraße erkennbaren Weg verfolgt, der sich nach gewissen Angaben entwerfen läßt. Aus Makedonien und Griechenland, über Hierapolis in Syrien, bis an den Euphrat, darf er als bekannt vorausgesetzt werden. Von diesem Strome lief er hinüber zum Tigris, dann jenseit desselben durch Assyrien, über Ekbatana in Medien, und über Hekatompylus im Lande der Parther, durch Hyrkanien, in das angränzende Baktrien; worauf die Windungen der Gebirgszweige, die westlich vom

13) Peripl. mar. Erythr. ap. Huds. I. 9. 18. 22 28. 29. 32. 36. Marcianus (saec. III.) fr. 16. §. 7. D. de publicanis et vectigalibus (XXXIX. 4).

14) Aristot. hist. animal. V. 19. IX. 4. Bekker. p. 551 B. 623 B.
Pausan. VI. 26. §. 4.
Dionys. Perieg. 757.

15) Ptol. I. 11. 12. 17. VI. 13.

Imaus auslaufen, einige Krümmungen des Wegs, bald nördlich, bald wieder südlich, nöthig machten. Nachdem er durch eine beträchtliche Ebne gegangen, führte er durch eine Felsenschlucht des Imaus (Mus-tag), und aus dieser gelangte man in eine Gegend der heutigen kleinen Bucharei, auf der Ostseite des genannten, von Süden nach Norden aufsteigenden Kettengebirgs, etwa 96 Grade der östlichen Länge. Da waren Vorkehrungen getroffen, denen anzusehn ist, daß sie auf einen daselbst vor sich gehenden Völkerverkehr Bezug hatten. In dem hohen und festen, steinernen Gebäude nämlich, welches daselbst ganz vereinzelt stand, ist eins von den nicht seltnen morgenländischen Karavan-Serai's zu erkennen [16].

Die Art und Weise, wie hier der Waarentausch getrieben wurde, war jene bekannte, die überall Völkern, deren keins die Sprache des andern versteht, von der Natur eingegeben, und im Mittelalter bei dem Pelzhandel der Sibirischen Wilden mit den Russen wiedergefunden wird [17], wie sie schon zwischen den Karthagern und den Afrikanern an der Nordwestküste Libyens bestanden hatte [18]. Plinius,

16) Ptol. I. 12. VI. 13.

17) Abulfedae opus geographicum, ex arabico latinum fecit Reiske. In Büschings Magazin für die neue Historie und Geographie, Th. V. S. 360.

18) Herodot. IV. 196.

dem nur noch unvollständige Nachrichten vorlagen, hat sich eine mangelhafte Vorstellung davon gemacht [19]). Der Hergang war dieser. Auf Treue und Glauben legten die Seres ihre Waaren aus, die nicht ausschließlich in Seide, roh und verarbeitet, bestanden, sondern auch theils in köstlichem Pelzwerk [20]), auch genannt Parthisches und Babylonisches [21]), weil es über diese Länder zu den Griechen kam, theils in vortrefflichem Eisen [22]). Jeden Ballen hatten sie mit einem Zeichen des Inhalts und Werthes versehn. Hierauf zogen sie sich zurück. Nun traten die Einkäufer herbei, mit welchen die Reihe der Vermittler zwischen den Seres und den Griechen begann. Geraume Zeit sind die Parther im Besitze dieses Einkaufs aus der ersten Hand gewesen. Sie beurtheilten die Foderung, wohl auch die Waare, wo es sich thun ließ, und legten den dafür gebotenen Gegenwerth daneben. Waren die Seres mit diesem zufrieden, so nahmen sie ihn, und ließen ihre Ladungen dafür zurück [23]).

---

19) L. VI. c. 17: „Seres coetum reliquorum mortalium fugiunt, quum commercia expectent (expetant).“

20) Virg. Georg. II. 121.
Plin. XXXIV. 15.
Peripl. mar. Erythr. p. 22.

21) Marcianus in Dig. l. l.

22) Plin. et Marcian. l. l.

23) Pompon. Mela III. 7: „commercium, rebus in solitudine „relictis, absens peragit (gens).“

Es war aber noch nicht ihr Grund und Boden, worauf dieser Umsatz geschah, sondern der Platz lag im Lande der Saker, die von den Zusammenkünften Vortheil zogen. Von dem steinernen Niederlagsgebäude, das sie unterhielten, bis in die Heimath der Seres, soll die fast immer östlich gerichtete Reise sieben Monate erfodert haben [24]: was als übertrieben erscheinen muß, wenn man für jede von diesen 210 Tagereisen auch nur zwei geographische Meilen annimmt. Bei der Aufsuchung jener Heimath wird hier von den Gebirgen und Flüssen, die Ptolemäus an den Gränzen und im Innern des Landes angiebt, kein Gebrauch gemacht, weil die Deutung auf heutige Namen mißlich ist. Als bezeichnend können blos die Gränzländer angesehn werden, wenigstens das südliche und das westliche. Der Standpunkt, von dem man in der Untersuchung mit Sicherheit ausgehn kann, ist Indien jenseit des Ganges. Durch die Angabe, daß dieses, nebst

Marcianus Capella l. VI., de Perside: „appositione „mercium„ sine colloquio, gaudent implere contractum“ Ammian. Marcell. XXIII. 4. Bipont. p. 361: „nulla „sermonum vice, propositarum rerum pretia solis oculis „aestimantur, et ita sunt abstinentes (Seres), ut apud „se tradentes gignentia, nihil ipsi comparent adven„titium.“

Eustath. ad Dionys. Perieg. 752, ed. Bernhardy. p. 242.

24) Ptol. I. 12.

(einem Theile von) dem angränzenden Sina, die Südgränze von Serika gewesen sei [25]), ist schon das Meiste gewonnen; noch fehlt nur die Bezeichnung der Westgränze. Mittelbar dient hierzu dasselbe jenseitig-Gangetische Indien. Eben dieses nämlich wird auch als südliche Gränze von Skythien jenseit des Imaus angegeben [26]); unter letzterm kann aber kein anderes Land zu verstehn seyn, als die nördlich an Indien stoßende östliche Hälfte von Tibet, und die nördlich neben diesem liegende, östliche kleine Bucharei: und durch diesen Länderstrich ist die Westgränze von Serika gegeben. Diese Bestimmungen der südlichen und westlichen Gränze setzen außer Zweifel, daß die Kalmückische Choschotey, das nördliche Sina, und das östliche Tibet, zusammen das Land der Seres ausgemacht haben.

Jener Verkehr bei dem großen Karavan-Serai im Gebiete der Saker hat sich nicht beschränkt auf den Umsatz zwischen den Seres und den Parthern; auch aus Indien, namentlich von Barygaza, (Guzurate) zogen Gesellschaften von Handelsleuten durch das östliche Baktrien, ostwärts über den Imaus, auf den im innern Asien weitberühmten Marktplatz [27]). Zu ihren

---

25) Marcianus Heracleota, ap. Huds. I. 28. 29.

26) Ptol. VI. 15. 16.

27) Peripl. mar. Erythr. p. 36.
Ptol. I. 17.

Einkäufen gehörte vorzüglich Seide; woher es gekommen, daß auch über Indien, zu Schiffe, viel Seidenstoffe nach Griechenland gebracht, wodurch diese in der spätern Zeit zu einer ziemlich gemeinen Tracht geworden sind [28]). Dieser Handelsweg ist jedoch erst eingeschlagen worden, seitdem im Römischen Zeitalter die Schifffahrt nach Indien mehr in Gang gekommen; früher ist der beschriebene Landweg der einzige gewesen. Wenn der Stoff sehr beliebt war, so hat doch die Verarbeitung dem Griechischen Geschmacke nicht zusagen wollen. Einer gewissen Pamphila auf der Insel Kos wird der Einfall zugeschrieben, die Serischen Zeuge aus einander zu zupfen, und sie zierlicher von neuem zu weben [29]).

Auch die Baumwolle, gossypium, ist früher nicht ganz unbekannt gewesen, so wenig, wie ihre Heimath in Arabien, Persien und Indien [30]). Aus dem letzten kamen für die Griechischen Webereien auch verschiedne Färbestoffe, namentlich Indisches Schwarz, und Drachenblut, oder Indisches Roth,

---

28) Ammian. Marcell. l. l. p. 360.

29) Aristot. hist. animal. V. 19.

30) Herodot. III. 106. VII. 65.
Theophrast. hist. plant. IV. 7 (9). §. 7. 8.
Strabo XV. 1016.
Virgil. Georg. II. 120.
Plin. XIX. 1. Conf. XII. 10.

κιννάβαρι [31]). Dieses einzige Land, eine Fundgrube der vortrefflichsten Güter, hat auch von jeher viele Mittel zur Befriedigung thörichter Eitelkeit geliefert. Edle Steine sind unter denselben zuvörderst zu nennen: Diamanten, Onyx, Sardonyx, Hyakinth, Smaragd, Chrysolith, Beryl, Saphir, Kallais [32]), Chelidonia, Schwalbenstein, von den Farben genannt [33]), Keraunia, von dem Blinken [34]). — Ferner köstliche Perlen, vorzüglich gefischt an den Ufern von Taprobane, und im Persischen Meerbusen [35]), Elfenbein [36]), Schminke, Haarflechten [37]).

An diese Reihe von Gegenständen des Aufwandes schließt sich der vielbesprochene **Murrhin**, ein mineralischer Stoff, woraus mancherlei Prachtgeschirre

31) Peripl. mar. Erythr. p. 18. 22.
Marcianus in Digest. l. l.

32) Peripl. mar. Erythr. p. 22. 28. 29. 32.
Conf. Dioscor. V. 159 (160), et Plin. XXXVII. 10.

33) Marcianus l. l.
Plin. l. l. ante med.

34) Id. c. 9 et 10.
Marcianus l. l.

35) Arrian. Ind. 8. ed. Gronov. p. 322.
Peripl. cet. p. 32.
Plin. IX. 35.
Marcianus l. l.

36) Strabo II. 124.
Peripl. p. 16. 22. 32 36.

37) Marcianus l. l.
Pollux II. 30.

verfertigt worden. Zu den vielen bereits unternommenen Forschungen eine Nachlese zu versuchen, wäre durchaus überflüssig. Die verschiednen darüber aufgestellten, großentheils sich auffallend widersprechenden Meinungen der Mineralogen und Archäologen sind bereits von Herrn von Minutoli [38]) und dem Römischen Abte Faustino Corsi[39]), auch von Thiersch[40]), zusammengefaßt worden. Zur Abschließung der Verhandlungen hat wohl der verdiente von Born zuerst auf den Weg geführt [41]); der Russische Gelehrte Doppelmayer [42]), und ein Brittischer, der sich im Classical Journal mit J. M. unterzeichnet[43]), dann der Französische Roziére [44]), endlich der genannte Italiener, haben denselben verfolgt, und Thiersch hat ihren Zeugnissen das Siegel aufgedrückt. — Flußspath ist der Stoff, für den sich diese Gelehrten erklären. Unverfälscht ist er theils aus Indien

38) Ueber den Murrhin der Alten. In dem Summarium der Journalistik für die unterhaltenden Wissenschaften. Von A. Schnitzer. Zweiten Bandes sechstes Heft. December 1834. Berlin 1834, bei Hirschwald S. 512.

39) Daselbst S. 511 ff.

40) In dem ersten Bande der Abhandlungen der philosophisch-philologischen Classe der königl. Baierschen Akademie der Wissensch. S. 443—509.

41) Daselbst S. 495.

42) Creuzer, in den Heidelberger Jahrbüchern, 1836. S. 369.

43) Thiersch S. 495.

44) v. Minutoli S. 512.

zu Schiffe 45), theils über Persien zu Lande, nach Europa gekommen. Er ist aber auch nachgemacht worden, durch das Zusammenschmelzen geeigneter Mineralkörper; denn wie solcher unechte beschrieben wird, ist die Bereitung im Schmelzofen nicht zu verkennen 46).

Auch die Gewürze zur Erhöhung der Genüsse des Gaumen, früher nur auf den Tafeln der Großen und Reichen, und die Arabischen und Indischen Gewächse theils zur Verbreitung von Wohlgerüchen, theils verarbeitet zu köstlichen Salben, kamen jetzt häufiger in den Handel. Es sind jedoch derer nicht viele, die erst in diesem zweiten Zeitraume vorkommen *): Gewürznelken (Caryophyllum), Ingwer, Sesam-Oel, Malabathrum 47).

Bei dem letztgenannten Blatte sind es drei Fragen, die der Untersuchung obliegen: was war Malabathrum, wo ward es gebauet, und in welcher Form kam es nach Europa? Lange hat die Meinung gegolten, es sei nichts anders gewesen, als der

45) Peripl. mar. Erythr. p. 28.

46) Thiersch a. a. O.

*) Vergl. S. 108.

47) Dioscor. I. 11.
Plin. XII. 7.
Peripl. mar. Erythr. p. 32.
Marcianus in Digest. l. l.
Cosmas Indopleustes, in Montfaucon. collect. PP. et scriptt. Graec. T. II. p. 337.

heutige Betel der Inder 48). Wahrscheinlich von Dioskorides 49) aufmerksam gemacht, hat schon Garçias, ein Sachkundiger, der lange in Indien gelebt, diesen Irrthum aufgedeckt, und die Ordnung erkannt, wohin das Blatt gehöre 50). Wie er es abzeichnet, und den Geruch desselben beschreibt, ist es das Blatt von laurus Cassia. Von dem auffallenden Unterschiede zwischen diesem und dem Betel überzeugt man sich leicht in den Gewächshäusern jedes irgend gut ausgestatteten botanischen Gartens. Das Blatt nämlich des letztern ist von einer in die Breite gedehnten Form, mit fünf durchlaufenden Nerven, und schmeckt und riecht dem Pfeffer ähnlich; wogegen das von Garçias abgebildete Malabathrumblatt schmäler und mehr länglich ist, und nur drei Nerven hat. Den Geruch desselben vergleicht Garçias mit dem, des Caryophyllum, weniger stark, als Narde oder Muskat (Macis), weniger fein oder scharf, als Canelle. Daß in den Lorbeerblättern einer Art des Zimmtbaums das Malabathrum der Alten bestanden habe,

48) Salmasii exercitt. Plin. in Solin. 754. 755.
Is. Vossius ad Pomp. Melam, ed. Gronov. p. 820.
Vincent, the commerce and the navigation in the Indian Ocean. London 1807. II. 735.
Heeren, Historische Werke, Th. XII. S. 358.

49) L. I. 11—13.

50) Historia aromatum. In Clusii exot. p 175. 177. 178: „hallucinantur, qui Betre folium Indum (Malabathrum) „esse putant.“

wird durch spätere, ebenfalls in Indien selbst angestellte Untersuchungen bestätigt [51]).

Zur Beantwortung der zweiten von den obigen Fragen nur Folgendes. Zwar ist der Baum auch in Syrien und Aegypten vorgekommen, der Indische aber anerkannt von der besten Beschaffenheit gewesen [52]), daher die dem Blatte vorzugsweise beigelegte Benennung folium Indum. Der Griechisch lautende Name ist aus dem Indischen Tamalabatra gebildet, und Indien diesseit des Ganges, insonderheit Kambaya, ist das eigentliche Vaterland [53]). Doch hat die Pflege des Baums auch in einem nördlich an Indien jenseit des Flusses gränzenden Lande, das Kirrhadia genannt wird, Statt gefunden. Sowohl diese Bestimmung der Lage, als die von den Landesbewohnern, den Besadae oder Sesatae, angegebnen, körperlichen Merkmale führen auf das östlichste Tibet und die anstoßende Kalmückische Choschotey. Denn in den untersetzten Leuten mit plattem Gesicht und stumpfer Nase ist der Mongolisch-Kalmückische Stamm nicht zu verkennen [54]). Sonach wären die Seres mit diesen Sesatä ein und dasselbe

51) Proceedings of the royal Asiatic society, p. XL In the Journ. of this society, Vol. III. London 1836.

52) Plin. XII. 26.

53) Garçias l. l.

54) Ptol. VII. 2. Francof. 1605. p. 177. Peripl. mar. Erythr. p. 37.

Volk gewesen. Sie brachten den Indern, die mit ihnen an der Gränze zusammentrafen, das Malabathrum[55]), welches dann zum Theil roh, in Blättern, nach Griechenland ging, wo man diese, des Wohlgeruchs wegen, zwischen die Kleider legte[56]).

Häufiger scheint jedoch eine in Indien damit vorgenommene, eigenthümliche Bereitungsart gewesen zu seyn; und hiermit geschieht der Uebergang zur Lösung der dritten Frage. Man hatte sich durch Uebung die Geschicklichkeit erworben, aus den ganz jungen Blättern die Fäden auszuziehn, uud die weiche Masse in Kugeln, größere oder kleinere, zu rollen und zu trocknen[57]). Diese wurden zu Fischbrühen und zu der Mischung genommen, womit man die Weinfässer auspichte, um den Geschmack zu würzen. Bei Bestimmung des Gebrauchs findet sich die Zahl der Kugeln angegeben, als: eine Kugel vom Malabathrum-Blatt[58]), fünf Kugeln von ebendemselben[59]). Es ist wahrscheinlich, daß, wo eine Zahl schlechthin angegeben wird, die kleinen, als die gewöhnlichen, gemeint sind: was dazu berechtigen würde, unter

---

55) Peripl. m. Er. p. 38.

56) Dioscorides I. 11.

57) Peripl. p. 37. 38.

58) Geoponicorum l. XX. c. 15. ed. Niclas. Lips. 1781 p. 1249: „φύλλου μαλαβάθρου σφαιρίον ά.“

59) Didymus in eorund. libri VI capite 6. p. 442. 443: „σφαιρία πέντε.“

Pentasphaerum eine ganz große Kugel, nämlich eine solche zu verstehn, die so groß gewesen, wie fünf kleine zusammen; so wie Pentakymia eine fünfwogige Meereswelle, oder eine solche geheißen hat, deren Umfang fünf gewöhnliche enthält, und wie der Beispiele von Verfünffältigung mehrere vorkommen [60]. Das räthselhafte folium Pentasphaerum wird in dem bekannten Römischen Verzeichniß zollpflichtiger Waaren angeführt, dessen Verfasser ein besserer Verwaltungsbeamter, als Waarenkundiger gewesen seyn mag [61]. Dasselbe auf Malabathrum zu deuten, wird dadurch nicht bedenklich, daß er letzteres bald darauf noch besonders nennt. Führt er doch auch Carbasum und Carbasea, und eben so Metaxa und Nema Sericum, als verschiedene Waaren an, und zählt Costus und Pfeffer nicht zu den Indischen Gewürzen: hinlängliche Beweise von Mangel an Waarenkenntniß.

Die im Fortgange der Zeit außerordentlich steigende Zahl der dafür gehaltnen Heilmittel läßt eine Vermehrung der Krankheiten voraussetzen, unleugbar großentheils Folgen des zunehmenden Wohllebens, der zusammengesetzten Kochkunst. Hier nur die vorzüglichsten von den aus dem Morgenlande kommenden Mitteln der Aerzte. Aloë, aus Arabien, Persien, Indien [62]. — Lykium, ein aus den Wurzeln und

60) Is. Vossius l. l. (S. 212).
61) Marcianus in Dig. l. l.
62) Dioscor. III. 22 (25).

Zweigen eines Strauchs gepreßter und verdickter Saft [63]), bei Wunden und Hautkrankheiten gebraucht [64]), aus Lykien, Kappadokien, Indien [65]). — Bdellium, ein Gummiharz, aus Arabien, Indien, Baktrien, Medien, Babylonien [66]). — Sarkokalla, ein Harz aus Persien [67]). — Laser, aus Syrien und Persien [68]), die heutige ferula Persica, oder ferula asa foetida, wovon noch im Mittelalter viel aus Segestan gekommen ist [69]).

Plin. XXVII. 4.
Cosmas Indopleustes l. l.

63) Dioscor. I. 133.

64) Celsus V. 30. VIII. 6.

65) Dioscor. l. l.
Peripl. mar. Erythr. p. 22. 28.
Garçias l. l. p. 163.

66) Dioscor. I. 80.
Plin. XII. 9.
Peripl. l. l.

67) Marcianus l. l.
Dioscor. III. 89 (99).
Plin. XIII. 11.

68) Strabo XI. 797.
Plin. XIX. 3. XXII. 23.
Marcianus l. l.
Garçias l. l. p. 152. 153.

69) Abulfeda a. a. O. (oben S. 204), Th. IV. S. 281 (fälschlich 263).

Zweiter Theil.

Handelswege und Stapelplätze.

I.

Aus dem Morgenlande.

A.

Nach dem Mittelmeere.

1.

Ueber Alexandria.

Alexander hatte den größten Staatskundigen des Alterthums zum Lehrer, und die weit aussehenden, politischen Maßregeln seines Vaters zum Vorbilde gehabt. Er war Zeuge des frischen Lebens, der gediegenen Kräfte, die sich in den Seeplätzen von Griechenland und dem westlichen Asien bewegten. An einem jungen Manne von der Empfänglichkeit, der Federkraft des Geistes, konnten solche Wahrnehmungen nicht vorübergehn; mehr, als seine ältern Begleiter, hat er auf seinem Zuge manche Dinge mit scharfem Blicke aufgefaßt, insonderheit von dem Eigenthümlichen der Lage vieler Orte genaue Kenntniß genommen [1]). Ihm ist zuzutrauen, er selbst sei es gewesen, der zur Anlegung der berühmten Stadt in Aegypten, die von ihm den Namen erhalten, zuerst den Gedanken gefaßt, und die Lage von dem alten Rhakotis gewürdigt habe [2]), einer zur Beschützung der Küste gegen die Griechischen Seeräuber angelegten Schanze [3]). Es war eine Landspitze, zwischen einer Meeresbucht, die als natürlicher Hafen erscheinen mußte, und dem bedeutenden See Mareotis, der vermittelst vieler Kanäle mit der Kanobischen Mündung des Nils in Verbindung stand, und von welchem dann auch einer bis zur Stadt ist gezogen worden; überdies eine zum Hafen geeignete Bucht am genannten See [4]).

Für den Großhandel hat überhaupt die Anwesenheit des Makedonischen Heers in Aegypten die wichtigsten Folgen gehabt. Der Gedanke, von da aus nach Indien zu schiffen, ist dem aufgeweckten, kühnen Helden wohl noch nicht beigekommen; selbst einem Ptolemäus hat er noch fern gelegen. Aegypten aber zum Mittelpunkte eines umfassenden,

1) Patrocles ap. Strab. II. 120.
2) Arrian. exped. Alex. III. 1.
Plutarch. Alex. 26.
Strabo XVII. 1142.
Diodor. XVII. 52.
3) Strabo l. l.
Tac. hist. IV. 84.
4) Strabo XVII. 1142. 1149. 1151. 1155.

bereichernden Verkehrs zwischen Arabien und Griechenland zu machen, und dadurch das schon gebeugte Tyrus noch mehr zu entkräften: dieser Plan war dem berühmten Sohne des Lagus nicht zu groß. Sehr verdient um Alexander durch Gefangennehmung des Verräthers Bessus [5]), brachte er Aegypten aus dem Nachlasse desselben an sich, befestigte, durch eine lange Regierung begünstigt, seinen Nachkommen den Besitz, und erhob es zur weltgeschichtlichen Größe. Von allen Seiten durch natürliche Gränzen abgeschlossen und gesichert, ist das Land nur offen gegen Nordosten, in der Richtung nach Palästina und Phönikien. In einer Zeit, wo in der Griechisch-Makedonischen Welt das Völkerrecht fast untergegangen war, und jeder Machthaber nach Möglichkeit um sich griff, mußte der Wunsch aufsteigen, diese Nachbarländer mit Aegypten, als Bollwerk desselben, zu vereinigen, um so mehr, da der Besitz des Libanus, wegen des Schiffbauholzes, anlockte. Die Eroberung dieser wichtigen Vorlande ist schon geraume Zeit vor dem entscheidenden Treffen bei Ipsus erfolgt [6]). Mit geringer Unterbrechung [7]) sind sie über hundert Jahre

5) Arrian. l. l. III. 30.

6) Diodor. XVIII. 43. XIX. 86.

7) Id. XIX. 94.
Plutarch. Demetr. 6.

bei Aegypten geblieben [8]), bis sie endlich von dem Beherrscher des Seleukidischen Reichs, Antiochus dem Großen, freilich nach schweren Kriegen [9]), erobert worden [10]). Es war nicht überflüssig, der lange bestandnen Verbindung hier zu gedenken: die Kenntniß derselben wird unten, zum Verständniß einer den Waarenzug aus dem Petráischen Arabien nach Gaza betreffenden Angabe erfoderlich seyn.

Der Geist des ersten Ptolemäus erbte fort auf den gleichnamigen Sohn und Nachfolger, beigenannt Philadelphus. Um die Verdienste desselben nach Gebühr zu würdigen, und doch nicht zu überschätzen, ist zweckdienlich, zuvörderst ihm gewisse Entwürfe abzusprechen, auf die sich damals der unternehmendste Muth noch nicht erstrecken konnte; darauf von den Anstalten zu handeln, die er an der Küste des Meerbusens zum Behufe der Schifffahrt, und im innern Lande zur Fortschaffung der Waaren, getroffen hat; und endlich seine umfassenden Bestrebungen darzustellen, den fortbestehenden starken Zug Indischer und Arabischer Waaren durch das Petráische Arabien an das mittelländische Meer, nach Alexandria zu leiten,

---

8) Justin. XXXI. 1: „Antiochus, rex Syriae, Phoenicem ceterasque Syriae quidem, sed *juris Aegypti* civitates „quum invasisset."

9) Polyb. V. 68—70. 80. 86.

10) Josephi antiqq. Jud. XII. 3. §. 3.
I. Maccab. III. 3. 8. 9. IV. 7. 8. V. 11.

und dadurch diesen Seeplatz zum ersten der damaligen Handelswelt zu erheben.

Der über den Arabischen Meerbusen geführte Handel mit Indischen Waaren befand sich zwar ganz in den Händen der Araber, er war aber getheilt, und ging in einigen Absätzen vor sich. Die Handelsleute der außerhalb der Straße Bab el Mandeb, an der Südostküste der Halb-Insel liegenden Seeplätze holten sie aus den Indischen Häfen, und brachten sie entweder zunächst in gewisse Niederlagen an derselben Küste, hauptsächlich nach Kana [11]), oder unmittelbar auf die beiden Hauptstapelplätze Arabia felix, an der Südküste, noch außerhalb der Straße [12]), und Muza, schon innerhalb, an der Südwestküste [13]). Dahin kamen die Schiffe aus den Häfen des Meerbusens, vorzüglich von Aelana und Leuke Kome. Es ist schon verdienstlich genug, wenn der zweite Ptolemäus bewerkstelligt hat, daß sich die Aegyptischen Griechen, mit dem Erythräischen Meere noch wenig bekannt, hinüber in diese Häfen gewagt, und aus der zweiten, wohl gar dritten Hand gekauft haben [14]). Um die Beschaffenheit des nördlichen

11) Peripl. mar. Erythr. p. 15.

12) Ibid. p. 14. 15.

13) Ibid. p. 6. 8. 9. 12. 13.
Plin. VI. 23.

14) Strabo II. 179. XVII. 1149.

Meerbusens zu untersuchen, unternahm auf seine Veranstaltung Ariston eine Reise [15]).

Was er für den schon oben *) erwähnten Kanal geleistet habe, läßt sich nur ungefähr bestimmen, da verschiedne, das wichtige Verbindungsmittel betreffende Nachrichten nicht ohne Verwirrung und Widersprüche sind. Den Aegyptischen Ueberlieferungen zufolge hat der Pharao Nekos die Fortsetzung des Baues aufgegeben, mehr wohl, weil eine große Zahl von Menschen, der übertriebenen Angabe nach ein hundert und zwanzig tausend, bei der anstrengenden Arbeit den Tod gefunden, als wegen der priesterlichen Warnung, den Ausländern nicht in die Hände zu arbeiten: womit, wenn es nicht erdichtet ist, auf die Phöniker gezielt seyn dürfte. Der Perser Darius habe dann das Unternehmen wieder aufgefaßt und zu Ende geführt [16]). Herodot hat den Kanal in seiner Vollendung gesehn, und beschreibt dessen Lauf bis in das Erythräische Meer oder den Arabischen Meerbusen. Den Anfang nahm derselbe unweit Bubastus, am rechten oder östlichen Arm des Nils, aus dem er das Wasser erhielt, und lief zuerst in östlicher, darauf in südlicher Richtung nach

15) Diodor. III. 41.
Conf. Strabo XVII. 1138.

*) S. 98.

16) Herodot. II. 158. 159 IV. 39.

der Landspitze der Heroopolitischen Bucht des Meerbusens, bei Patumus, einem Gränzorte zwischen Aegypten und Arabien. Er war breit genug für zwei neben einander fahrende, dreirudrige Schiffe, und in vier Tagen konnte man die Fahrt beendigen [17]. Wenn demnach dem zweiten Ptolemäus das Verdienst zugeschrieben wird, das Werk vollendet zu haben [18], so scheint dies dahin eingeschränkt werden zu müssen: in der ersten Zeit nach der Makedonischen Besitznahme Aegyptens war die Regierung zu beschäftigt mit Kriegen und Verwaltungs-Einrichtungen, als daß sich ihre Sorgfalt auf die Unterhaltung des Kanals hätte erstrecken können; derselbe ward unbrauchbar durch Versandung und Anhäufung des Schlamms. Ptolemäus Philadelphus aber ließ ihn reinigen, und Schleusen anlegen [19], und ward so der Wiederhersteller. Daß er nicht etwa einen neuen Arm habe graben lassen, um auf kürzerm Wege, oder bequemer, an die Küste zu gelangen, erhellt aus der Einrichtung des Hafens von Arsinoë, nicht weit von Patumus, die mit dem Ausflusse des Kanals in den Meerbusen in genauer Verbindung steht.

In veränderter Einkleidung ist jene Erzählung von Nekos, wie er sich bewogen gefunden, von dem

17) Herodot. l. l.
18) Diodor. I. 33.
19) Ibid. extr.

Kanal abzustehn, auch auf diesen Ptolemäus übergetragen worden. Plinius nämlich will wissen, der König habe den Kanal nur von der Küste bis in den Bittersee hergestellt; von der Fortsetzung bis in den östlichen Nil-Arm sei er abgeschreckt worden, entweder durch die Besorgniß einer Ueberschwemmung, da man gemeint habe, der Spiegel des Meerbusens läge höher, als das Bette des Stroms, oder dadurch, daß man befürchtet, durch Vermischung des Seewassers mit dem, des Nils, würde das letztere aufhören, trinkbar zu seyn[20]). Die Sache wird schon dadurch verdächtig, daß die Bedenklichkeit, betreffend die Ueberschwemmung, auch dem Darius beigelegt[21]), ja bis in die Zeit des sagenhaften Sesostris hinaufgerückt wird[22]). — Der Sonderbarkeit wegen ist eine Erzählung nicht zu übergehn, weil sie die Meinung zu bestätigen scheinen könnte, als sei der Kanal nicht vollendet gewesen. Nach dem Unglücke des Antonius bei Actium habe Kleopatra, in der Absicht, über den Meerbusen zu entfliehn, einige Schiffe mit ihren Schätzen beladen, und verfügt, dieselben aus dem mittelländischen Meere über die Land-Enge in den Arabischen Meerbusen zu ziehn, da dieselbe nur dreihundert Stadien breit sei. Die Schiffe wären wirklich

20) Plin. VI. 29.

21) Diodor. l. l.

22) Aristot. Meteor. I. 14. Vergl. oben S. 98.

über das Land geschafft, sogleich aber von den an der Küste wohnenden Arabern verbrannt worden[23]). Mit welcher Unkunde der Beschaffenheit der Land-Enge, und des ganzen Vorgangs geschrieben! Die einfache Thatsache ist diese, daß Kleopatra einige Schiffe im Hafen zu Arsinoë hat ausrüsten lassen, die aber auf Veranstaltung des Römischen Statthalters von Syrien, Q. Didius, der davon Kunde erhalten, durch die Araber verbrannt worden[24]). — Daß ein Kanal um diese Zeit vollendet bestanden, ist nicht zu bezweifeln. Strabo, der an Ort und Stelle gewesen, versichert, ein solcher habe bei Phakkusa, am östlichen Nil-Arme, unweit Bubastus, den Anfang genommen, und sei bis in den Meerbusen gegangen[25]).

Da, wo er in denselben einlief[26]), hat Ptolemäus Philadelphus den Flecken Arsinoë angelegt und zum Hafen eingerichtet[27]), der aber nicht sonderlich aufkommen konnte. Denn außer den Arabischen Seeräubern, die den nördlichsten Theil des Meerbusens unsicher machten[28]), waren auch die vielen Sandbänke

23) Plutarch. Anton. 17.

24) Dio Cass. LI. 6. 7.

25) Strabo XVII. 1158.

26) Diodor. l. l. extr.

27) Plin. VI. 29.

28) Strabo XVI. 1123.
Plin. VI. 23.

und Klippen [29]) den Aegyptischen Griechen gefährlich, die schon deshalb nicht zu der Kenntniß des Fahrwassers, wie die Nabathäischen Araber, gelangen konnten, weil sie nicht, eben wie diese, beständig als Seeräuber kreuzten. Daher entwarf Ptolemäus einen andern, umfassenden Plan, womit freilich die Benutzung des Kanals nicht zu vereinigen war. An der Küste der Südgränze seines Reichs, gegen über dem Nabathäischen Hauptstapel Leuke Kome (Jambo) [30]), gründete er Berenike, vortheilhaft gelegen auf einer Landspitze, wodurch eine Bucht gebildet wurde [31]), die, einer Nachricht zufolge, zum vollständigen Hafen [32]), nach einer andern blos zum Landungsplatze [33]), eingerichtet war. Dieser Ort wurde zur Haupt-Niederlage der von der jenseitigen Küste, vorzüglich von Leuke Kome, eingeführten Arabischen, Persischen und Indischen Güter bestimmt. Zur Weiterbeförderung derselben zunächst auf Lastthieren wurden die nöthigen Anstalten getroffen. Es ward nämlich

---

29) Strabo XVI. 1127. XVII. 1169 D.

30) Id. XVI. 1127.
Peripl. mar. Erythr. p. 11.

31) Strabo XVI. 1115.
Plin. VI. 29.
Peripl. l. l.
Steph. Byz. v. Βερενίκαι

32) Plin. VI. 23 sub fin.

33) Strabo XVII. 1169.

von Berenike nach Koptos, einer in der Nähe des Nils liegenden Stadt, eine Straße angelegt, wenigstens in so fern, als in gewissen Abständen für Lagerungsplätze, und in der Folge selbst für Behälter mit Wasservorräthen, gesorgt war, da man früher genöthigt gewesen, solche mit sich zu führen. Zwölf Nachtfahrten gehörten zu der Reise, denn der Hitze wegen mußte man am Tage rasten. Gleich den Schiffern dienten den Zugführern die Gestirne als Wegweiser 34). — Man fand jedoch bald, daß sich der Meerbusen nordwärts noch gegen fünf und vierzig geographische Meilen, bis Myos Hormos, ohne sonderliche Gefahr und Beschwerde benutzen ließ; daher wurden in diesem Hafen, ungefähr in der Mitte zwischen Berenike und Arsinoë liegend, nicht selten die Waaren gelöscht. In Folge hiervon bildete sich eine zweite Landstraße, von Myos Hormos nach Koptos, auf der man nur die Hälfte der Zeit, die der Weg von Berenike dahin erfoderte, den Beschwerden des dürren Sandbodens ausgesetzt war 35). In Koptos, diesem wichtigen Stapel 36),

34) Strabo XVII. 1169. C. 1170. A. B.
Plin. VI. 23 post med.

35) Strabo XVI. 1128. 1129 XVII. 1169. 1170.
Plin. VI. 29 init.
Peripl. mar. Erythr. p 1 et 11.

36) Plin. V. 9 extr.

wurden die Waaren auf Kähne geladen, und gingen dann erst auf einem Kanal [37]) in den Nil, endlich auf diesem nach Alexandria.

Was Menschenhände vermochten, ward aufgeboten, um das große Ziel zu erreichen, diese Seestadt zum Mittelpunkte des morgenländisch-Griechischen Handels zu machen. Die örtlichen Umstände begünstigten den Plan. Schräg vor der neuen Stadt lag die kleine, längliche, von Osten nach Westen sich erstreckende Insel Pharus, an jedem Ende mit einem Vorgebirge, daß man an zweien Seiten einlaufen konnte. Stadt und Insel waren durch einen sieben Stadien langen Damm verbunden, der von dieser Länge den Namen führte. Durch ihn, und die beiden Vorgebirge, wurden zwei Häfen gebildet. Damit nun zwischen beiden eine Gemeinschaft bewerkstelligt würde, hatte der Damm, zum Behufe des Durchganges der Schiffe, an zweien Stellen Oeffnungen mit Zugbrücken. Der wichtigere von beiden Häfen war der östliche; weil aber hier das gegenüber liegende Vorgebirge dem Festlande näher rückte, als das westliche, wodurch, so wie durch Klippen, eine scharfe Strömung entstand, so war die Einfahrt nicht ohne Schwierigkeit. Zur Erleichterung derselben bei Nacht, war daher auf diesem Vorgebirge, genannt

37) Strabo XVII. 1169. C.: „ἡ εἰς Κοπτὸν διῶρυξ.“ Plin. VI. 23: „navigant Nilo Coptum“

Lochias, oder Akrolochias, der berühmte Leuchtthurm angelegt [38]).

Daß Ptolemäus Philadelphus einen gewissen Dionysius auf eine Entdeckungsreise ausgesandt, die sich bis nach Indien erstreckt habe [39]), ist offenbar eine Erdichtung. Noch hundert Jahre nach ihm hat keine unmittelbare Handelsverbindung zwischen Aegypten und Indien bestanden. Nach Posidonius nämlich soll erst, auf Veranstaltung des Königs Ptolemäus Euergetes des Zweiten, der Kyzikener Eudoxus den Versuch einer solchen Reise gemacht haben, geführt von einem unter Abenteuern und Unglücksfällen in den Arabischen Meerbusen gerathenen Indischen Seemann [40]). Dieser Ptolemäus könnte es seyn, wenn man annehmen darf, der Name Turamayo, der auf einer Guzuratischen Felsen-Inschrift vorkömmt, sei verderbt aus Ptolemäus [41]).

Erst unter der weltgebietenden Römischen Herrschaft, der die gewaltigsten Mittel zu Gebote standen,

---

38) Strabo XVII. 1140. 1141. 1144.
Plin. XIII. 11. XXXVI. 12 extr.
Caesar. bell. civ. III. 112.
Pomp. Mela II. 7.

39) Plin. VI. 17.

40) Strabo II. 155. 156.

41) James Prinsep: Inscription in the old character on the rocks of Girnar in Gujerat. — Journal of the Asiatic society, N. 75. March. 1838. Calcutta 1838. p. 224. 225.

ist, ohne Zwischenhandel der Araber, ein unmittelbarer Verkehr Aegyptens mit Indien zu Stande gebracht worden. Bereichernd muß er allerdings gewesen seyn, auch für die Zölle ein ergiebiger Quell[42]; ist es aber richtig, daß jährlich von Myos Hormos wohl ein hundert und zwanzig Schiffe nach Indien unter Seegel gegangen[43], so nöthigt diese starke Concurrenz, die Angabe für übertrieben zu halten, der Gewinn, den diese Geschäfte abgeworfen, habe in Hundert vom Hundert bestanden[44].

Zu Hauptplätzen, bei denen unterwegs angelegt wurde, hatten sich zwei Arabische Ortschaften erhoben, Okelis, innerhalb und nicht fern von der Meer-Enge[45], und Syagrum, auf einem Vorgebirge jenseit derselben, an der südöstlichen Spitze der Halb-Insel[46]. Die meisten Geschäfte wurden an der Küste der im Delta des Indus liegenden Insel Pattala[47] gemacht. Weiter hinab, und gar bis an

42) Strabo XVII. 1149.
43) Id. II. 179.
44) Plin. VI. 23 post med.
45) Id. VI. 28. XII. 19.
Peripl. mar. Erythr. p. 6. 14.
46) Plin. VI. 23 post med.
Peripl. p. 17. 18.
47) Arrian. exped. Alex. V. 3 extr. VI. 18.
Diodor. III. 46.
Strabo XV. 1026.
Plin. II. 73. VI. 21 conf. 23 post med.

den Ganges, zu segeln, entschlossen sich wenige Griechisch-Aegyptische Schiffsherrn *). Diese Fahrt ging längs der Westküste der diesseitigen Halb-Insel, über Barygaza [48]) bis Taprobane (Ceylon) [49]); dann weiter über Automela und Perimula [50]) bis an den Ganges [51]). Der belebteste Handelsplatz war hier Palimbothra [52]), bei der Vereinigung des Hauptstroms mit einem westlichen Nebenflusse [53]), genannt Erannoboas [54]), oder Jomanes [55]), (Dschumna, Gemené). Eben weil sich der Aktivhandel der Aegyptischen Griechen nicht häufig bis dahin erstreckte, waren es großentheils die Bewohner von Palimbothra, Perimula und Automela, die ihn bis an die Mündungen des Indus führten. Selbst weiter nach

*) Bei Plinius VI. 23 findet sich eine ausführliche Beschreibung der ganzen Fahrt, der Entfernungen, der Orte, wo die Schiffe vor Anker legten, der Jahreszeiten, in welchen sie unter Segel gingen, und der benutzten Winde.

48) Peripl. p. 20 seqq. 28.

49) Ibid. p. 35.
Plin. VI. 22. IX. 35.
Strabo II. 124. XV. 1012.
Ptol. VII. 12.

50) Plin. VI. 20.

51) Strabo XV. 1006.

52) Plin. VI. 19.
Diodor. II. 39.

53) Strabo XV. 1010. 1011. 1028.

54) Arrian. Ind. 10. ed. Gronov. p. 323. 324.

55) Plin. VI. 17 sub fin. 19 extr.

Westen sind einige vorgerückt; und haben an der Küste der Insel Dioscorida, in der Nähe der südöstlichen Arabischen Küste, eine Niederlassung gegründet 56).

2.

Ueber Petra.

Aus den angegebenen Ursachen ist in dem nördlichsten Theile des Arabischen Meerbusens die Schifffahrt nie zu einer vorzüglichen Bedeutung gediehn, wenigstens ist Arsinoë gegen Myos Hormos nicht aufgekommen. Selbst die anwohnenden seekundigen und rüstigen Nabathäischen Araber machten nicht vollen Gebrauch von dem Gewässer, sondern zogen häufig die Landfracht vor, und führten von Leuke Kome die daselbst zu Schiffe eingegangnen Güter auf Kameelen längs der Küste, und weiter bis nach Petra 1). Auch die Bewohner der Hafenstadt Aelana, an der östlichen, nach Arabien gerichteten Bucht des Meerbusens 2), trieben mehr Land- als See-Handel.

56) Peripl. p. 17.
Plin. VI. 28.

1) Strabo XVI. 1127. B. C. 1128. A.

2) Id. XVI. 1102. 1113.
Plin. V. 11.

Besonders nahmen sie starken Antheil an dem Waaren-Umsatze, der zu Petra, dem Hauptplatze auf dem hier dargestellten Landwege, vor sich ging, wo zu bestimmten Zeiten ein großer Zusammenfluß von Handelsleuten Statt hatte [3]). Selbst vom Persischen Meerbusen herüber waren dahin schon in früher Zeit Karavanen von Minäern und Gerrhäern gekommen, deren Ladungen von da weiter, nach den Häfen des mittelländischen Meeres, vorzüglich nach Tyrus, befördert worden *). Diesen Geschäftszweig ergriffen die unverdrossenen Aelaniten. Sie scheueten nicht eine weite und beschwerliche Reise, zogen in das Land der beiden genannten Arabischen Stämme, kauften ein [4]), und führten die Güter auf den großen Markt zu Petra.

Für die Fortsetzung des Waarenzugs liefen hier zwei Hauptstraßen zusammen: eine führte nördlich, in das innere Land, nach Syrien, besonders nach Palmyra [5]), die andere nordwestlich, nach der Küste des mittelländischen Meeres. Diese letztere theilte sich weiter hin so, daß ein Seitenweg nach Rhinokorura,

---

3) Diodor. XIX. 95.
Plin. VI. 28.

*) Oben S. 91.

4) Strabo XVI. 1113 B.

5) Id. XVI. 1124.
Plin. VI. 28..

am nordöstlichsten Ende Aegyptens, führte [6]), eine zweite nach Gaza, schon auf Palästinischem Boden [7]). Daher die Nachricht, durch Verkehr mit den Arabischen Sabäern und Gerrhäern sei das Ptolemäische Syrien bereichert worden [8]), was jedoch nur auf das erste Jahrhundert der Ptolemäer gehn kann, so lange dieselben über Palästina, das oft zu Syrien gezählt wird, geherrscht haben. Auf diesem Wege die morgenländischen Waaren zu beziehn, ist, nach Umständen, dem Vortheile der Griechischen Zwischenhändler, vorzüglich der Rhodier, angemessener gewesen, als über Alexandria, weil zu manchen Zeiten durch die dasigen Zölle die Waaren mehr vertheuert wurden, als durch die kostspieligere Landfracht über Petra.

Gaza, fast an der Gränze von Aegypten, und in der Nähe der Seeküste gelegen, war in den mehrmaligen Eroberungen durch Alexander, Ptolemäus, Sohn des Lagus, und Jonathas, so verwüstet worden [9]), daß der dasige Handelsstand, als er nach

6) Strabo XVI. 1128.

7) Id. XVI. 1101.
Plin. l. l. et XII. 14 sub fin.

8) Agatharch. p. 64.

9) Arrian. exped. Alex. II. 25—27.
Curtius IV. 6. §. 7 seqq.
Plutarch. Alex. 15.
Diodor. XVII. 48 extr. XIX. 84. 93.

Beendigung der Stürme zu Bau-Anlagen Muth gefaßt, dieselben unmittelbar am Hafen gemacht hatte. Während dadurch die alte Stadt ganz in Verfall gerathen, war die neue, Majuma genannt, empor gekommen [10]). Es muß aber bei den Bewohnern das Gegentheil von dem Statt gefunden haben, was bei den Kaufmannschaften der Asiatischen Seestädte gewöhnlich war. Durch die Hände der letztern gingen die morgenländischen Waaren meistentheils im passiven Einfuhr- und aktiven Ausfuhr-Handel: von den Hirtenvölkern des Binnenlandes, deren Reichthum in Kameelen und Maulthieren bestand, und die genügsam und abgehärtet waren, die eigenthümlichen Beschwerden einer Landreise unter jenen Himmelsstrichen zu ertragen, ließen sich die Bewohner der Seeplätze die Güter zuführen; sie selbst aber vertrieben sie für eigene Rechnung zur See. Um nun bei den Gazäern das Entgegengesetzte anzunehmen, fragt es sich, ob in einer Stelle des Strabo, wo von einem Handelsvolke erzählt wird, es sei binnen vierzig Tagen in das Land der Arabischen Chatramotiten (Chatramiten, Adramiten, das heutige

Strabo XVI. 101. 102.
Plin. XII. 14.
I Maccab. XI. 61.

10) Sozomenus l. II. c. 5. ed. Reading p. 52.
Strabo l. l.

Hadramaut) gereiset [11]), zu lesen sei Gerrhäer, Gabäer, oder Gazäer. Das Zweite ist die gewöhnliche Leseart. Gerrhäer Statt dessen zu setzen, wäre eine zu starke Abweichung davon. Eine Ortschaft Gaba oder Gabba hat es es zwar gegeben; sie ist oben*) angeführt worden. Aus zweien Zusammenstellungen aber ist zu folgern, daß Gazäer zu lesen sei. Zuvörderst wird die Reise derselben zu den Chatramotiten in unmittelbarem Zusammenhange mit jener, der Aelanitischen Handelsleute zu den benachbarten Minäern, dargestellt, mit der Bemerkung, daß die Bucht von Aelana in der Richtung nach Gaza liege [12]): woraus zu entnehmen ist, daß die Gazäer über Aelana gereiset sind. Dann die Zusammenstellung von Gaza mit dem neben den Chatramotiten liegenden [13]) Lande Tamna oder Thomna. Wenn die Zahl der Ruheplätze für die Kameele von „Gaza in Judäa" bis dahin angegeben wird [14]), so ist dies mittelbar eine Nachricht, daß Karavanenzüge dahin Statt gehabt haben. Nur die Zahlen der Tagereisen [15]) lassen Bedenklichkeiten übrig; eine oder

---

11) Strabo XVI. 1113. C.

*) S. 92.

12) Ibid. B. C.

13) Ibid. A.

14) Plin. XII. 14 extr.

15) Ibid. et Strabo l. l.

die andere mag verschrieben seyn: von Gaza in das Land der Chatramotiten vierzig; nach Temna zwei und sechszig; am weitesten aber bis zu den Minäern und Gerrhäern, und zwar erst von Aelana aus, siebenzig.

B.

Nach dem Pontus.

1.

Ueber Seleukia.

Den Sinn Alexanders für eine handelsschaftliche Richtung der Staatskunst theilte mit den Ptolemäern ein anderer Begleiter desselben, Seleukus Nikator. Siegreich hervorgegangen aus so vielen Kriegen und Stürmen, behauptete er die Herrschaft über den größten Theil der Eroberungen des Helden, von den Quellen des Euphrat und Tigris bis an den Indus. Nicht entmuthigt durch die Erhebung von Alexandria, schuf er in der Gründung von Seleukia in Mesopotamien ein Seitenstück, das für den morgenländisch-nordischen Handel werden sollte, was jenes für den morgenländisch-Süd-Europäischen; daher auch beide Welthandelsplätze in Ansehung der Pracht und des Reichthums, der Größe und Volksmenge, neben einander gestellt werden [1]). Zu beiden hat die Vorzüglichkeit der Lage und der örtlichen Umstände den Plan eingegeben.

Bei Seleukia sind einige aus alter Zeit herrührende Anstalten vorgefunden, vervollkommnet und erweitert worden. Die Nothwendigkeit, Abzugskanäle aus dem Euphrat und Tigris zu leiten, hat den Bewohnern von Mesopotamien frühzeitig einleuchten müssen, um den trocknen Boden zu bewässern, da es in einem großen Theile des Jahres nicht regnet, zugleich aber auch, um den Ueberschwemmungen vorzubeugen, da im Frühjahre durch das Schmelzen des Schnees in den Armenischen Gebirgen ein drohendes Anschwellen der Ströme eintrat. Wären sie übergetreten, und das Wasser auf die Felder gedrungen und stehn geblieben, so würden Sümpfe entstanden seyn. Zur Bestimmung der Lage von Seleukia kommen von diesen Kanälen zwei in Betracht, einer vom Euphrat ostwärts geleitet, der andere ihm gegen über vom Tigris westwärts, beide in der Gegend nordöstlich von Babylon, wo sich die Betten beider Ströme am meisten nähern. Wenn sie, wegen der Unmöglichkeit, dem Wasser von beiden Seiten ein so ausreichendes Gefälle zu verschaffen, nicht so weit fortgeführt worden, daß, wie angegeben wird, eine Verbindung des Euphrat mit dem Tigris

1) Strabo XVI. 1089.

entstanden [2]), so ist der Zwischenraum wenigstens nicht groß gewesen. Unter dem Namen Königs-Fluß, Aramäisch Nahar Malkha [3]), ist der westliche am bekanntesten. Die Nachrichten über den östlichen bedürfen einer Prüfung; nur so viel ist außer Zweifel, daß er als solcher, als διῶρυξ, Vallis, anerkannt, und von jenem unterschieden wird [4]). Uebrigens aber sind Mißverstand und Verwechselungen kaum zu verkennen: den Kaisern Trajanus und Severus wird zugeschrieben, was Seleukus gethan, und dem Julianus, was über 680 Jahre früher Alexander. Bei diesem ist am angemessensten zu beginnen. In der frühern Zeit waren die über den Persischen Meerbusen und den Schat al Arab eingehenden Ladungen theils auf dem Euphrat nach Babylon geführt worden, theils auf dem Tigris nach Opis, einem Waaren-Ablager an dem westlichen Ufer dieses Stroms, in der bezeichneten Gegend der beiden Kanäle. Bei dem innern Verfalle aber der Persischen Macht hatte die Regierung, aus Besorgniß feindlicher Landungen, wahrscheinlich der kühnen Araber, große Felsstücke in die Mündungen beider

---

2) Herodot. I. 193.
Plin. VI. 26.

3) Ammian. Marcell. XXIV. 6.
Zosimus III. 24.
Plin. l. l.: „Armalchar.“

4) Ibid.

Flüsse senken, und diese dadurch für die Schifffahrt unbrauchbar machen lassen. Alexander ließ das Fahrwasser, besonders im Nieder-Tigris, von den Massen reinigen, und die Schiffbarkeit wiederherstellen [5]). Diese Veranstaltung ist auf Julianus und auf den Tigris-Kanal übergetragen worden [6]). Was diesen selbst betrifft, ist die Verwirrung noch größer. Bald wird Trajanus für dessen Urheber ausgegeben [7]); bald ist es der Königskanal, den dieser Kaiser angefangen, und Severus vollendet habe [8]); bald soll jener beide zu graben verordnet, also eine Verbindung des Euphrat und Tigris entworfen, aber davon wieder abgestanden haben, weil ihm gesagt worden, das Bette des Euphrat liege höher, als dasjenige, des Tigris; er habe daher die Schiffe zu Lande über den Zwischenraum schaffen lassen [9]). Nicht undeutlich aber wird die Verbindung beider Kanäle schon dem Seleukus beigelegt, und zwar als wesentliche Bedingung des großen Plans, da, wo beide in einander fließen würden, die Hauptstadt seines Reichs zu erbauen [10]).

---

5) Strabo XVI. 1074 D. 1075 A.

6) Ammian. Marcell. et Zosimus l. l.

7) Zosimus l. l.

8) Ammian. Marcell. l. l.

9) Dio Cass. LXVIII. 28.

10) Plin. VI. 26: „Seleucia, condita a Nicatore, in confluente „Euphratis fossa perducti atque Tigris."

Unmittelbar also am Tigris [11]) hat Seleukia nicht gelegen, doch nicht weit davon [12]), drei Römische Meilen von Ktesiphon, einem Flecken hart am östlichen Ufer [13]). Diesem gegen über, am westlichen, hat später eine Ortschaft gestanden, Koche [14]) oder Choche [15]), verderbt Zochase [16]); der Irrthum, sie für das alte Seleukia zu halten, fällt mit jenem zusammen, der diese Stadt dicht an den Tigris setzt. Nach der Weise morgenländischer Städte nahm Seleukia einen sehr großen Umfang ein, und ward in kurzem der große Asiatische Markt für den Tausch des Nordens mit dem Süden. Seit Jahrhunderten waren aus Armenien und den Wildnissen des Kaukasus viele unentbehrliche, aber schwere, einen großen Raum einnehmende Hervorbringungen des Nordens schnell und wohlfeil auf beiden Strömen herabgekommen. Aufwärts konnte zwar weder der Euphrat [17]), noch der pfeilschnelle Tigris [18]) befahren werden; dafür waren aber die über den Persischen

11) Plin. V. 26.

12) Arrian. ap. Steph. Byz. v. Χωχή.

13) Plin. VI. 26.

14) Arrian. l. l.

15) Ammian. Marcell. XXIV. 5: „Coche, quam Seleuciam „nominant."

16) Zosimus III. 23.

17) Herodot. I. 194.

18) Plin. VI. 27.

Meerbusen bezogenen [19]) Rückfrachten leichter am Gewicht, und von geringerm Umfange. Zu dem schnellen und mächtigen Emporkommen der neuen Stadt haben einige andere Umstände beigetragen: die ihr gewährten Vergünstigungen, die Niederlassung vieler Makedonier und Griechen, das königliche Hoflager, wodurch viele Große des Reichs und Fremde herbeigezogen wurden: Anregungen für die kaufmännische Betriebsamkeit [20]). Babylon freilich, die alte Weltstadt, nur dreihundert Stadien entfernt von der jugendlichen, übermächtigen Nebenbuhlerinn, ging zu Grunde [21]).

Unternehmer der Waarenzüge aufwärts zu Lande waren vorzüglich die weitreisenden Armenier. In die Griechisch-Pontischen Häfen gelangten ihre Rückfrachten auf zweien Hauptstraßen. Eine lief hinüber nach dem großen Waaren-Ablager Comana im Pontus [22]), und von da hinab auf dem, in denselben sich ergießenden [23]) Iris. Die zweite ging etwas östlicher, durch Armenien. Eine dortige Völkerschaft, die Aorsi, deren Sitze am Kaukasus vom Kaspischen

---

19) Conf. Suid. v. σταχτή.

20) Strabo XVI. 1073. 1074. 1079. 1089.

21) Ibid. et Plin. VI. 26 post med.

22) Strabo XII. 837. conf. 809.

23) Xenoph. Anabas. V. 6. §. 9. Strabo XII. 823.

See bis an den Don reichten, nahmen von den Armeniern die Güter in Empfang [24]), und führten sie weiter auf Märkte, die zwar nicht namhaft gemacht werden, aber keine andere gewesen seyn können, als die Häfen des Pontus.

2.

Ueber Baktra.

Kaum ein halbes Jahrhundert hat sich Seleukia im Alleinbesitz der bereichernden Handelsvermittelung zwischen dem Asiatischen Süden und Norden behauptet. Eine Macht weiter im Osten erhob sich, die nicht nur das Seleukidische Reich sehr verkleinerte, sondern auch dem übrig bleibenden Theile durch Entziehung vieler Handelsgeschäfte großen Schaden zufügte. Theodotus, Statthalter von Baktrien, um die Mitte des dritten Jahrhunderts vor unsrer Zeitrechnung, benutzte die Entlegenheit seines amtlichen Sprengels vom Mittelpunkte des Reichs, und warf sich mit Erfolg zum Selbstherrscher auf [1]). Zwar

---

24) Strabo XI. 753. 772. 773.

1) Justin XLI. 4.

Lassen: Zur Geschichte der Griechischen und Indoskythischen Könige in Baktrien, Kabul und Indien. Bonn 1838, S. 220 ff.

hat das neue Reich unter Anstrengungen, unter einem Wechsel von innern und äußern Kriegen, von Eroberungen und Verlusten, nur etwas über hundert Jahre bestanden; für den hier zu entwerfenden Handelsweg aber, der sich, von den Königen befördert, aus Indien durch dasselbe bis an den Pontus gebildet hat, ist der Umstand wichtig geworden, daß die Eroberungen einen großen Theil des westlichen Indiens, mit der um die Mündung des Indus liegenden [2]) Landschaft Pattalene umfaßt haben [3]).

Den Anfang nahm der Waarenzug in Minnagara, an dem mittelsten der sieben Ausflüsse des Indus, und dem für Seeschiffe allein fahrbaren, weil er das *tiefste Bette hatte* [4]). Wenn auch nicht bestimmt angegeben wird, wie weit hinauf die Beschiffung des Indus gereicht habe, so ist sie doch überhaupt außer Zweifel [5]); bis zum Einflusse des Hydaspes darf man sie annehmen, denn von diesem ist die Makedonische Schaar bis Pattala hinunter gefahren [6]);

2) Plin. VI. 20. 21.
Strabo XV. 1011.

3) Id. XI. 785. 786. XV. 1006.
Justin. l. l. c. 6.

4) Peripl. mar. Erythr. p. 22. 24.

5) Strabo XV. 1020.

6) Arrian. exped. Alex. VI. 1—18.
Strabo XV. 1013. 1014.
Plin. VI. 17. XIX. 1 sub fin.

die Gegend, wo sowohl er, als der Akesines, sich in den Hauptstrom ergießen, ist ungefähr die Mitte des ganzen Bettes. Eine schwankende Angabe ist es allerdings, daß der Indus 1,240,000 Schritte schiffbar gewesen 7), doch dürfte sie der Wahrheit ziemlich nahe kommen. Von da an, wo die Schiffbarkeit aufhörte, hat der Landweg die Richtung nach dem Paropamisus, oder dem Indischen Kaukasus 8), dem heutigen Hindukusch, genommen: dies geht hervor aus der Vergleichung einiger Nachrichten der Schriftsteller des Alterthums mit neuern Reiseberichten. Der Anfang des Wegs kann nur derselbe gewesen seyn, den Burnes eingeschlagen hat: über Attok nach Kabul 9), das mit dem alten Orthospana zusammentrifft 10); ein wichtiger Handelsplatz, von welchem aus der Lauf der Pässe über den Paropamisus einen Weg nach Baktrien anweiset, und seit undenklicher Zeit einen Verkehr zwischen diesem Lande und

---

7) Plin. VI. 20. ed. Sillig: „duodecies centena quadraginta „millia passuum."

8) Arrian. Ind. c. 2.
Ejusd. exped. Alex. III. 28. 29. V. 3. 5.
Strabo II. 118. XV. 1010. 1011. 1054 C.
Plin. VI. 20.

9) Alexander Burnes Reisen in Indien und nach Bokhara (i. J. 1832). Deutsch. Stuttgart und Tübingen 1836. I. 131.

10) Ptol. VI. 18.

Indien möglich gemacht hat [11]). Am meisten kömmt der Paß Schibertu in Betracht, von dem man den Weg im Winter nach Abdereh, im Sommer nach Bamian, einschlägt [12]). Zwölf Tage brachte Burnes zu auf der Reise von Kabul über den Kamm des Gebirgs bis an die Gränze des Landes Balkh [13]). Mit einem angeblich kürzern Wege, der nur sieben Tage erfodert habe [14]), ist wahrscheinlich derselbe gemeint. Da im Sommer die Schwierigkeiten des Ueberganges über das Scheidungsgebirg geringer sind, so ist von jeher der Zug von Kabul nach dem genannten Bamian, am nördlichen Fuße, stark gewesen. Von dieser Niederlage geschah die Beförderung der Güter zu Schiffe nach dem Hauptstapel Baktra, dem heutigen Balkh. Welcher Fluß aber es gewesen sei, der hierzu benutzt worden, und ob überhaupt einer von Bamian nach Balkh laufe: hierüber sind

---

11) Strabo XI. 782. XV. 1053.

12) Denkwürdigkeiten des Zehir-Eddin Muhammed Baber. Deutsch von Kaiser, Leipzig 1828. S. 272.
Court (Général Français) Conjectures sur les marches d'Alexandre dans la Bactriane. Extrait du Journal Asiatique, IIIme série, p. 22. conf. 32. 33. — Auch im Journal of the Asiatic society of Bengalen Vol. V. Calcutta 1836. p. 390.
Arrian. exped. Alex. III. 28.

13) Burnes a. a. O. S. 179. 197.

14) Plin. VI 17.

die Berichte unbestimmt, und zum Theil widersprechend. Wenn Burnes das Daseyn eines Flusses bei Balkh leugnet [15]), kurz vorher aber eines solchen mit der Bemerkung gedenkt, er erreiche nicht den Oxus, sondern verliere sich [16]), so läßt sich dies dahin vereinigen, daß es bei Balkh allerdings einen Fluß gebe, der aber jetzt fast gänzlich im Sande versiege [17]). Daß er jedoch im Alterthum besser im Stande gewesen, erhellt aus der Angabe, Baktra sei benannt worden von dem vorbeilaufenden Flusse Baktrus, der in den Oxus laufe [18]). Bei den Tatarn heißt er jetzt Dehasch [19]). Und dieses ist nach aller Wahrscheinlichkeit der von Plinius sogenannte Icarus, in der Richtung von Indien nach Baktrien, der sich in den Oxus ergoß [20]). Verbindet man mit dieser Nachricht theils die Angabe, daß Bamian an einem obern Oxus-Flusse liege [21]), theils den Umstand,

---

15) A. a. O. S. 219.

16) Daselbst S. 216.

17) Waddington (Ingenieur der Engl. Ostind. Comp.) Erklärung der Charte von Bokhara. Vor den Denkwürdigkeiten des Zehir-Eddin Muhammed Baber. A. a. O. S. 33.

18) Curtius VII. 4. §. 31.
Strabo XI. 786.

19) Waddington a. a. O.

20) Plin. l. l.

21) Burnes a. a. O. S. 185.

daß auf allen ältern Charten der Einlauf eines Flusses (Bactrus, Icarus, Dehasch) in den Oxus unterhalb Baktra gezeichnet ist[22]), so bleibt wohl nicht zweifelhaft, daß von Bamian eine Wasserstraße nach dem Oxus Statt gehabt habe, die bei Baktra vorbeigegangen. Dieser berühmteste Stapelplatz des innern Asiens lag ungefähr acht geographische Meilen vom Ufer des Oxus[23]).

Nach der Versicherung eines Zeitgenossen und Augenzeugen, ist dieser bedeutende Strom schon in dem Zeitalter des Seleukus beschifft worden[24]): eine Nachricht, die nicht gleichgültig ist, denn man sieht daraus, daß Versendungen Indischer Waaren auf demselben bis in den Kaspischen See schon vor dem Baktrischen Reiche im Gange gewesen. Es ist aber bekannt, daß jetzt der Oxus nicht in diesen, sondern in den Aral-See, ausfließt. Da nun jene aus der alten Zeit berichtete Mündung auf sichern Zeugnissen beruht[25]), aber auch die heutige außer Zweifel ist,

---

22) Eichwald, alte Geographie des Kaspischen Meeres. Berlin 1838. S. 104 ff.

23) Burnes II. 152.

24) Patrocles ap. Strab. XI. 776. C. conf. II. 118. 127, et Plin. VI. 17 med.

25) Plin. VI. 17.
Strabo II. 126. XI. 776. 777, wo jedoch der Oxus mit dem Ochus verwechselt wird.
Arrian. exped. Alex. III. 29. VII. 16.

so kann man nicht umhin, zwei Arme des Oxus in seinen Niederungen anzunehmen, von denen der westliche in den Kaspischen See gelaufen, aber ausgetrocknet sei. Der Widerspruch, den Burnes hiergegen erhebt [26]), ist auf schwache Gründe gestützt: es ständen natürliche Hindernisse entgegen, und die Ueberlieferungen der Eingebornen widersprächen; in den unverkennbaren Vertiefungen, die ein altes Flußbette verrathen, will er nur Ueberreste von Kanälen erkennen. Diese Meinung würde er nicht gefaßt haben, wenn er das Zeugniß eines Mannes erwogen hätte, der, durch seine bürgerliche Stellung begünstigt, aus genauerer und längerer, auf Kriegszügen erworbenen Anschauung, das Land in allen Richtungen gekannt hat, des Bokharischen Fürsten Abul Ghasi Bahadur. Einer ausdrücklichen Nachricht desselben zufolge hat sich der Fluß noch zu seiner Zeit unterhalb Urgenz in den Kaspischen oder den See von Masanderan ergossen [27]). Wie der See von dieser südlich an ihn stoßenden Persischen, so ist er auch von der östlich angränzenden Bokharischen Landschaft Chawaresm (Charesm, oder, von der Hauptstadt, Chiwa) benannt worden; und unter diesem Namen leitet in ihn den Oxus auch Abul Feda (im

---

26) A. a. O. II. 153.

27) Abul Ghasi hist. généalog. des Tatars. Traduite du manuscr. Tatare (Mongole). A Leyde 1726. p. 544. 545.

ersten Drittheil des vierzehnten Jahrhunderts) [28]. Durch Beobachtungen Russischer Reisenden ist dies bestätigt worden. Der aus Tscherkassien gebürtige Fürst Bekowitsch, der im Auftrage Peters des Ersten im Jahre 1716 den eben so umfassend angelegten, als unglücklich abgelaufenen Entdeckungszug in die Bokharei unternommen hat, will die ehemalige Mündung des Oxus erkannt haben [29]. Mehr Beachtung verdient die Versicherung Murawiew's, der in den Jahren 1819 und 1820 denjenigen Theil der großen Bokharei, auf welchen es hier ankömmt, den westlichen, bereiset hat. Nach seiner Erklärung sind noch unverkennbare Spuren eines vormaligen Flußbettes vorhanden, das nicht ganz verschüttet worden, weil der Boden an verschiedenen Stellen mit Gras und Bäumen bewachsen, und durch Quellen bewässert ist. Insonderheit läßt sich die ehemalige Mündung in den Kaspischen See noch erkennen [30]. Genau überein-

---

28) Abul Feda (s. oben, S. 204) p. 169 extr.

29) Journal Asiatique, publié par la société Asiatique T. V. Paris 1824. p. 68. — Aus dem Russischen Aufsatze Hermanns, in dem zu Moskwa herauskommenden Europäischen Courier.

30) Nikolaus von Murawiew Reise durch Turkomannien nach Chiwa. Deutsch von Strahl. Berlin 1824. S. 79. 80.

Auch in das Französische übersetzt von Laveau, Paris 1823.

stimmend mit der Beschreibung des Abul Ghasi, ist auf der, dem Werke Murawiews beigefügten Charte das Bette des ausgetrockneten Arms in geschlängeltem, südwestlichem Laufe von der Gegend, die sich zwischen den Trümmern des alten Urgenz und dem heutigen Orte dieses Namens befindet, bis an die Küste des Kaspischen Sees gezeichnet.

Man hat auch die Meinung aufgestellt, der Oxus habe vermittelst des Aral-Sees in so fern mit dem Kaspischen in Verbindung gestanden, als jener in der ältesten Zeit nur der nordöstliche Theil von diesem gewesen sei; woher es komme, daß er von den Schriftstellern des Alterthums nicht genannt wird. Die jetzige Scheidung beider Seen sei durch allmählich angehäuften Flugsand entstanden [31]). Das kann aber nicht seyn. Zwischen beiden Gewässern liegen, unter dem Namen des Mangischlakischen Gebirgs oder des Ust-Urt [32]), die Wurzeln des nordwärts aufsteigenden Ural. Einzelne, hochliegende Seen finden sich häufig in Gebirgen, über das ganze Mangischlakische aber kann sich der nordöstliche Theil des Kaspischen nicht ausgedehnt haben; die Scheidung muß also von Anbeginn da gewesen seyn. Die darin befindlichen Sandsteppen und salzigen Sumpfgegenden sollen jener

31) Heeren Ideen rc. Th. I. Abtheil. I. 1824. S. 321. 322, nach Eversmann.

32) A. v. Humbold, über die Schwankungen der Goldproduction, S. 22. S. oben, S. 151.

Meinung als Belege dienen. Es machen aber dieselben ein bezeichnendes Merkmal der ganzen weiten Gegend aus, und sind der Land-Enge nicht ausschließlich eigen, keineswegs also die Folge einer Anhäufung des Bokharischen Treibsandes; sondern sie erstrecken sich von da westwärts durch die Kirgisische und Kalmückische Steppe, zu beiden Seiten des Nieder-Jaik (Uralflusses), bis jenseit Gurjew [33]).

Dem letzten Theile des großen Waarenzugs von Indien über Baktrien nach dem Pontus stehn keine Schwierigkeiten entgegen. Der damaligen Mündung des Oxus in den Kaspischen See schräg gegen über befand sich die, des Kyrus (Kur), der vom Kaukasus herabkömmt. Auf diesem, so weit er beschifft werden konnte, gingen die Güter tief in das Gebirge; dann aber über den Rücken desselben mit Landfracht, angeblich in fünf Tagen, nach Sarapana am obern Phasis; endlich diesen Fluß hinab, bis auf den gleichnamigen großen Stapelplatz an der Meeresküste. Von hier aus vertheilten sich die Ladungen nach Sinope, Amisus, und in andere Pontische Häfen [34]).

---

33) Niketas Sokolof, in P. S. Pallas Reise durch verschiedne Provinzen des Russischen Reichs. Zweiter Theil, S. 330. 331. 349 ff.

34) Scylax p. 32.
Strabo XI. 761. 762. 776. 777.
Plin. VI. 17.

II.

In den südöstlichen und südlichen Europäischen Gewässern.

1.

Rhodus.

Daß im Makedonischen und vorzüglich im Römischen Zeitalter die Rhodier in der Griechischen Handelswelt den ersten Rang behauptet, und vermöge desselben unter den Seemächten eine gebietende Stellung eingenommen [1]), läßt sich aus dem politischen Verhalten erklären, das sie unter Umständen beobachtet haben. Vaterlands- und Freiheits-Liebe, kriegerischer Muth, ist ihnen nicht abzusprechen. Wie tapfer und ausdauernd haben sie ihre Hauptstadt gegen den wilden, abenteuerlichen Demetrius vertheidigt, dem davon der Spottname geworden [2])! Und wie rüstig erscheinen sie in den Seekriegen [3])! Wo es aber ohne schimpfliche Opfer geschehn konnte, unter den Makedoniern, wie unter den Römern, da

---

1) Cic. Manil. 18.

2) Diodor. XX. 84 seqq.

3) Strabo XIV. 964.
Liv. XXXI. 15. 46. — XXXIII. 16. — XXXVI. 45. — XXXVII. 9. 30.
Gellius VII. 3.

bewiesen sie kluge Fügung in die Uebermacht der Umstände, verbunden mit einer seltnen Gewandtheit im völkerschaftlichen Verhandeln 4); wodurch es ihnen gelungen ist, auf den Trümmern von Tyrus, Karthago und Korinth ihre Macht zu vergrößern. In vorzüglichem Grade haben sich die Tyrier zwar von dem Schlage erholt, der sie in dem Vertheidigungskriege gegen Alexander getroffen 5), auch Korinth ist zum Theil wieder hergestellt worden 6); zu der alten Größe und Macht aber sind beide nicht wieder gelangt, denn die Rhodier hatten einen zu großen Vorsprung gewonnen.

Vom Nil bis in den Pontus wehte die Rhodische Flagge, gegen Seeräuber geschützt durch drohende Kriegsschiffe 7). Die hohen Zollgebühren, die sie am Pharus für die morgenländischen Waaren vorschossen 8), mußte der Grieche mit Zinsen erstatten. Der Getreidehandel gehörte zu ihren Hauptgeschäften. Nicht nur aus Sicilien holten sie starke Ladungen, wo sie sich großer Vorzüge und Vergünstigungen erfreueten 9), sondern auch an den Küsten

---

4) Diodor. XX. 81.
5) Id. XIX. 61 sub fin.
Liv. XXXIII. 49. — XXXV. 48.
6) Strabo VIII. 556. X. 744.
7) Diodor. l. l.
8) Ibid. et Ammian. Marcell. XXII. 16.
9) Polyb. V. 88. XXVIII. 2 (legat 73).

der kornreichen Pontischen Länder, bis an die Mäotis [10]), machten sie Einkäufe. Auf dieser Fahrt waren sie dem Sundzoll der Byzantier unterworfen. Einst hatten diese, von Geldnoth gedrängt, denselben übermäßig erhöht, was unter allen Städten, die in den Pontus handelten, große Bewegung hervorbrachte. Die betheiligten Seeplätze sprachen Rhodus, als die damalige erste Seemacht, gemeinschaftlich an, die Sache zu führen, und da Rhodus einging, kam es zu einem Kriege [11]).

Einen eigenthümlichen Ruhm behauptet dieser Staat durch sein Seerecht. Gewisse Rechtsgewohnheiten müssen sich in Beziehung auf Schifffahrtsverhältnisse allerdings in allen Griechischen Staaten gebildet haben, deren Handelsstand selbstthätigen Seehandel getrieben, namentlich in Milet, Phokäa, Korinth, Aegina, Athen. Mit der Kenntniß aber ihres gesammten Privatrechts ist, Athen allein in gewissem Grade ausgenommen, auch die, des Seerechts, untergegangen. Und selbst von Gesetzen, die bestimmt und anerkannt dem Rhodischen angehören, hat sich nur das einzige, über den Seewurf, erhalten;

10) Agatharchides ap. Huds. I. 48.

11) Polyb. III. 2. IV. 38. 46. 47 seqq.
Dio Chrysost. orat. XXXI. ed. Reisk. I. p. 620 extr. Paris. p. 342.
Herodian. III. 1. ed. Irmisch. II. 497.

ja auch dieses nur im Römischen Gewande. Denn schon während des Freistaats, wenigstens zur Zeit des berühmten Rechtsgelehrten Servius Sulpitius Rufus [12]), sind in Rom die Bestimmungen desselben, so fern sie dem einheimischen Rechte nicht entgegen waren, ihrer einleuchtenden Vorzüglichkeit wegen angenommen gewesen, anfänglich wohl nur in Folge von Gutachten und Erläuterungen erfahrner Rechtskundigen, dann aber dadurch öffentlich anerkannt, daß die Kaiser, namentlich Augustus und Antoninus, ihnen gesetzliche Kraft beigelegt haben [13]). Uebrigens sind die dahin einschlagenden Untersuchungen [14]) hier als fremdartig anzusehn.

Das Wesentliche der den Seewurf betreffenden Bestimmungen ist Folgendes, das auch, wenig verändert, aber sehr erweitert und vermehrt, in den heutigen Haverei-Gesetzen wieder gefunden wird [15]). Wenn bei Unfällen auf der See die Noth geboten hatte,

---

12) Paulus fr. 2. pr. et §. 3. D. de lege Rhodia de jactu (XIV. 2).
De Servio: Cic. Brut. 41. Phil. VIII. 7. IX. 1.

13) Volusius Maecianus, fr. 9. D. tit. laud.

14) C. van Bynkershoek ad L. ἀξίωσις IX, de lege Rhodia de jactu. In ejusd. opusc. T. I. p. 189 seqq.
Pardessus, Collection de lois maritimes antérieures au XVIIIe siècle. T. I. Paris 1828. p. 24 seqq.

15) Z. B. im Preuß. allg. Landrechte Th. II. Tit. 8. §§. 1785 ff. 1795 ff. 1829 ff. 1861 ff. 1881 ff.

zur Erleichterung des Schiffs Waaren über Bord zu werfen [16]), oder wenn zur Abfindung der Seeräuber ein Theil der Ladung aufgeopfert worden [17]), so sollten diejenigen von den Befrachtern, welche der Verlust betroffen hätte, von den übrigen verhältnißmäßig entschädigt werden, nach Maßgabe nämlich des Werths der geretteten Waaren. — Auch nach Attischem Herkommen hat für den Seewurf und den Loskauf von Seeräubern eine Berechnung mit den Bodmeristen Statt gefunden, nur mußte über die Nothwendigkeit dieser Schritte ein Seerath der am Bord befindlichen Befrachter abgestimmt haben [18]). — Bei der Abschätzung des Verlustes wurde nach Rhodischem Rechte blos der Einkaufspreis zum Grunde gelegt [19]), bei der Bestimmung aber der verhältnißmäßigen Beiträge zum Schaden-Ersatze der wahrscheinliche Verkaufspreis der geretteten Waaren [20]).

Wie von dem Seerechte der Rhodier, so ist auch von ihrer Hafen-Ordnung nur ein Bruchstück, und ebenfalls über Rom, auf uns gekommen. An dem Vordertheile (πρώρα) der Kriegsschiffe befand

16) Paulus fr. 1. D. tit. laud.

17) Id. fr. 2. §. 3.

18) Demosth. adv. Lacrit. 926. 16 seqq.

19) Fr. 2. §. 4: „detrimenti, non lucri, fit praestatio.“

20) Ibid.: „non quanti emtae sint (merces), sed quanti ve-„nire possint.“

sich eine Spitze befestigt (ἄκρον, ἔμβολον, rostrum), die entweder von Holze, doch mit Eisen beschlagen, oder ganz von Eisen war, und dazu dienen sollte, die feindlichen Schiffe in den Grund zu bohren: eine angeblich Etruskische Erfindung [21]). Kriegsschiffe auf diese Weise zu erobern, gereichte dem Sieger zum höchsten Triumph, den er dadurch feierte, daß zu seinem Andenken diese sogenannten Schnäbel an öffentlichen Orten aufgerichtet wurden. Es war ein voreiliger Selbstruhm Athens im Peloponnesischen Kriege, eine eigene Halle in Delphi erbauen zu lassen, um darin die erbeuteten Schnäbel zur Schau auszustellen [22]). Nicht so vorübergehend ist die Herrlichkeit Roms gewesen, das auf ähnliche Weise die Siege seiner Flotten über die Antiaten, Lakedämonier, Karthager, der Nachwelt verkündigt hat [23]).

Solche mit Schnäbeln versehene Schiffe, wenn sie im Hafen lagen, konnten selbst unwillkührlich andern Schiffen Schaden zufügen. Daher bestand

---

21) Plin. VII. 56.
Id. XXXII. 1: „rostra, aere ferroque ad ictus armata." (Hirtius) De (Caesaris) bello Alexandrino c. 46: „na„ves adversae rostris concurrunt adeo vehementer, ut „navis Octaviana, rostro discusso, ligno contineretur. — „Multae naves, rostris perforatae, merguntur."

22) Pausan. X. 11. §. 5.

23) Liv. VIII. 14 extr. X. 2 extr. XL. 20.
Plin. XXXIV. 5.

in Rhodus ein Gesetz, daß, wenn sie einliefen, dies nicht mit dem Schnabel geschehn sollte [24].

2.

Byzantium und Kyzikus.

Den Byzantiern, wie den Kyzikenern, waren die Häfen des Pontus als Wirkungskreis ihres Seehandels angewiesen, doch hatten jene die einzige Lage ihres Platzes voraus [1]. Im Allgemeinen sind die oben angegebnen, im Handel mit dem Norden ausgetauschten Güter bis in das Mittelalter dieselben geblieben; blos zu den von Byzantium dorthin geführten morgenländischen sind einige hinzu gekommen [2]. Durch die Anwesenheit des kaiserlichen Hoflagers ist diese Handelsstadt zur mächtigsten und reichsten im frühern Mittelalter geworden [3].

24) Cic. de Invent. II. 32.

1) Polyb. IV. 38.

2) Herodian. III. 1. ed. Irmisch. T. II. p. 497. 498. Constantin. Porphyrog. de administrando imperio c. 6. ed. Meurs. p. 11. et ap. Bandur. imper. orient. T. I. p. 48.

3) Hier kann sich des Verfassers „Geschichte des Byzantischen Handels bis zum Ende der Kreuzzüge, Frankfurt a. d. Oder 1808," anschließen.

Die aufgeweckten Bewohner von Kyzikus gehörten zu den unternehmendsten der spätern Zeit, durch die Lage ihrer Insel begünstigt. Vom Pontus, durch das Aegäische und mittelländische Meer bis nach Gades hat sich ihre Schifffahrt erstreckt [4]); eine Handels- und See-Macht [5]), die fast als Nebenbuhlerinn der Rhodischen auftreten konnte.

3.

Delus und Puteoli.

Die Lage von Delus ist immer als vortheilhaft für den Vermittelungsverkehr zwischen Italien und Griechenland auf der einen Seite, und Asien auf der andern, angesehn worden. Der Hafen war bequem, und die alte Meinung von der Unverletzlichkeit der Insel bestand noch in einigem Grade. Bewogen durch diese Umstände ließen sich viele geflüchtete Korinther, nach dem Unglücke ihrer Vaterstadt, häuslich auf Delus nieder, wodurch der Kunstfleiß und Handel von neuem belebt wurde, da die Ansiedler mit den geretteten Ueberresten ihres Vermögens die gewohnten Gewerbe, insonderheit den Kunstfleiß,

---

4) Aristides, ed. Dindorf. I. 384.

5) Strabo XII. 863.

fortsetzten [1]), namentlich die Bearbeitung des Erzes zu geschmackvollen Gefäßen [2]). Nicht nur die Märkte wurden immer stärker besucht [3]), sondern sogar Eigenhandel zur See ist unternommen worden, unter andern selbst nach Rhodus, aus dem Zolle zu schließen, dem die Delier daselbst unterworfen waren [4]). Mit Scheelsucht betrachtete die Attische Bürgerschaft das Aufblühn des unbedeutenden Eilandes. In ihre Stadt konnte sie das bereichernde Gewerbe nicht ziehn; es haftete am Orte. Noch immer das alte gierige Volk, das sich die goldne Zeit der Kleruchien nicht aus dem Sinne schlagen konnte. Ohne Weiteres bemächtigte es sich der Ländereien auf dieser und der Insel Lemnus, und zwang die Eigenthümer, sie ihnen käuflich zu überlassen. Den Römischen Senat wußte die Athenische Stadtbehörde zu bewegen, die gewaltsame Maßregel gut zu heißen, und den verdrängten Deliern Niederlassungen in Achaia anzuweisen. Nun war der Delische Verkehr in Attischen Händen [5]).

---

1) Strabo X. 744.

2) Cic. Verr. II. 34. 72. — Rosc. Amer. 46.
Plin. XXXIV. 2: „antiquissima aeris gloria Deliaco fuit."

3) Ibid: „mercatus in Delo celebrante toto orbe."
Strabo l. l.
Athenaeus V. p. 212 D.

4) Polyb. XXXI. 7 (legat. 104).

5) Id. XXX. 18 (legat. 98). XXXII. 17 (legat. 123).
Inscript. ap. Spon. Miscell. eruditae antiq. p. 344.
Strabo l. l.

Nur kurze Zeit aber hatte ein auf solchem Wege erlangtes Glück Bestand. In dem Kriege des Mithridates gegen Rom wurde die Insel, nebst den übrigen des Aegäischen Meeres, von den Feldherrn jenes Eroberers, vorzüglich von Archelaus, verwüstet, und auf Delus die meisten Bewohner umgebracht; seit welchem Schicksal, ähnlich dem, von Miletus, Tyrus, Karthago, Korinthus, die Stadt verödet gewesen ist [6]).

Wenn dem Kaufmann durch Gewalt oder Zeit-Umstände ein Markt entzogen wird, weiß er fast immer an dessen Stelle einen andern auszuspähen. Ohne Beispiel aber würde es in der Handelsgeschichte seyn, ja unerklärlich, wie sich der Handel von Delus nach Dikäarchia, dem nachherigen Puteoli *), habe ziehn können, einem so weit entlegenen Orte im westlichen Großgriechenland, wenn nicht folgende Umstände Aufschluß gäben. Ein großer Theil der Güter, die auf den Delischen Märkten abgesetzt worden, hatte in morgenländischen Erzeugnissen bestanden, wahrscheinlich herbeigeführt theils von den Kyzikenern

6) Plutarch. Sulla 11.

Appian. bell. Mithridat. ed. Steph. Paris. p. 188. Tollius, Amstelod. I. 322.

Strabo I. 1.

Pausan. VIII. 33. §. 1.

*) Oben S. 120.

und Byzantiern, die sie aus den Pontischen Häfen bezogen, wohin sie über Baktra gelangten, theils von den Rhodiern, denen der Stapel von Alexandria näher lag. Die Römer, mit der Schifffahrt in den Griechischen Gewässern bekannt, und in politischer Beziehung viel damit beschäftigt, begnügten sich, ihre Einkäufe in Delus zu machen 7); zur Vermittelung dieser Geschäfte waren daselbst verschiedne Italische Häuser eingerichtet 8). In so fern nun der Absatz morgenländischer Waaren hauptsächlich nach Italien Statt gehabt hatte, kann es nicht befremden, daß Puteoli die erledigten Geschäfte an sich zog, eine alte Handelsstadt, mit einem guten Hafen versehn, in geringer Entfernung von Rom. Es traf nämlich dieses in die Zeit, wo die Verbindung Roms mit Aegypten lebhafter ward: eine Ermunterung für die Puteolanische Kaufmannschaft, Aktivhandel nach Alexandria zu unternehmen 9). Zu den Anstalten der Sicherung und Erleichterung ihrer Schifffahrt gehörte ein nach dem Muster des Alexandrinischen erbaueter Leuchtthurm 10). So ist es

7) Strabo l. l.

8) Appian. l. l.

9) Strabo XVII. 1142 C. extr.
- Philo Judaeus adv. Flaccum. Ed. Mangey, Londin. 1742. T. II. p. 521. — Francof. p. 968 extr.

10) Plin. XXXVI. 12 extr.

gekommen, daß Puteoli in der damaligen Handelswelt Klein-Delus geheißen hat [11]).

11) Paulus ex Festo, v. minorem Delum. Ed. Lindemann. p. 91.

Nachträglich.

Seite 181 ist bei dem Werke von Ricard hinzuzufügen: „zweiter Band."

Daß Seite 180 ff. mit dem „Französischen Gewicht" das ehemalige gemeint sei, ergiebt sich von selbst, und wird Seite 182 beiläufig mit den Worten bemerkt: „gebräuchlich „gewesen ist."

Seite 242 ist bei N. 19 hinzuzusetzen: Strabo II. 121 C.

Register.

Register.

A.

J.

K.

S.

T.

U. V.

W.

Z.

Bonn, gedruckt bei Carl Georgi.

www.ingramcontent.com/pod-product-compliance
Lightning Source LLC
LaVergne TN
LVHW042235300926
849161LV00003B/354